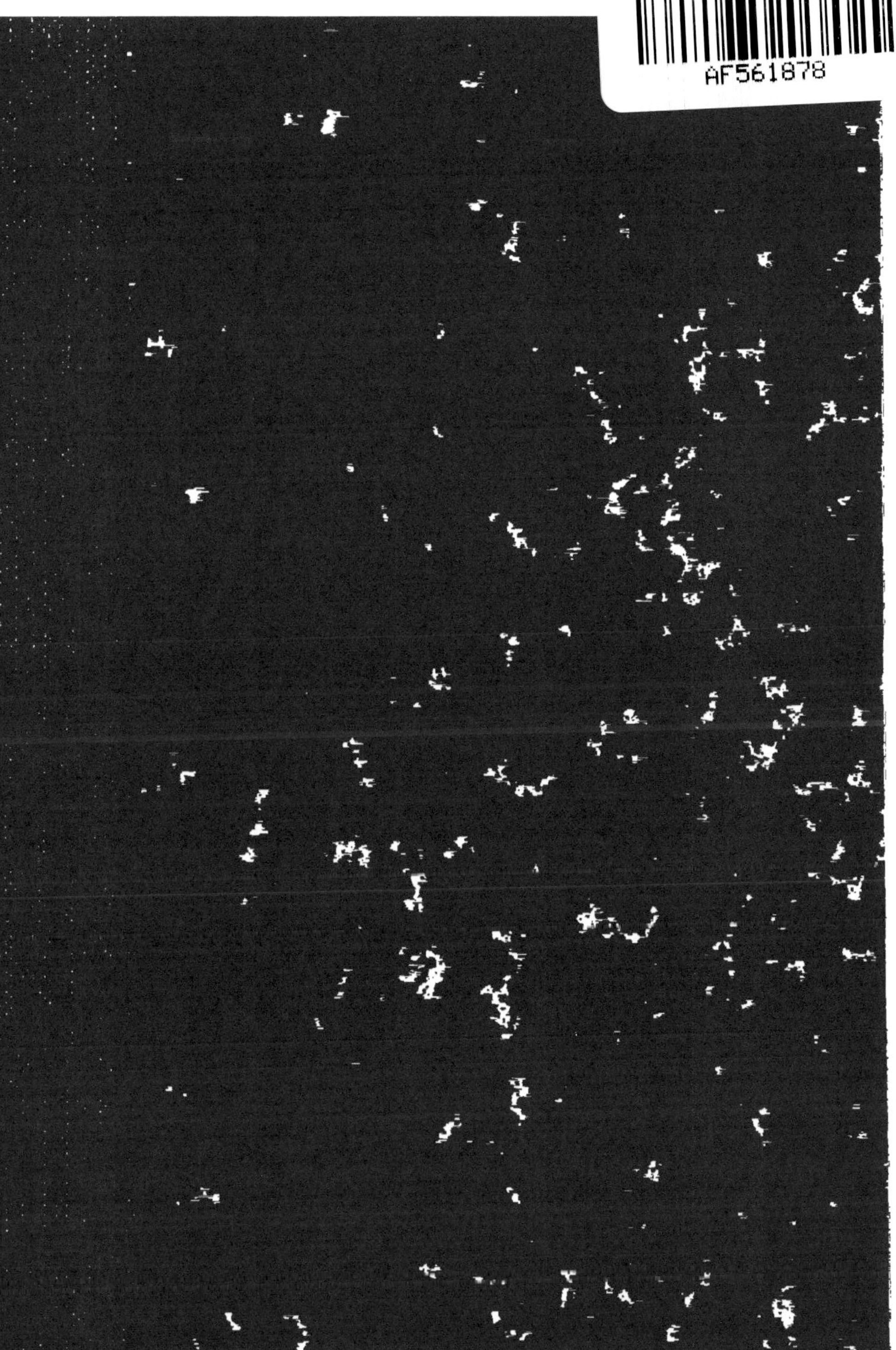

EXTRAITS
DU
NOUVEAU GENRE D'HISTOIRE,
OU
VOYAGE D'UTILITÉ,

CONSISTANT en une correspondance réelle, qui commence au règne de NAPOLÉON.

Intentusque operi diurno, strepitum armorum, qui totam Asiam concusserat, non exaudiebat.

(Q. Curtius, lib. 4.)

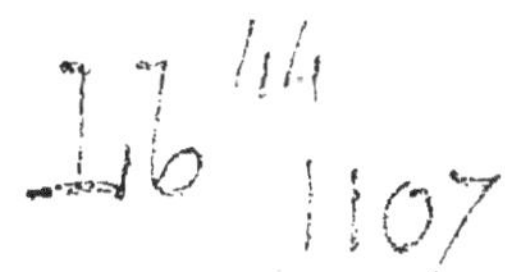

DU MINISTERE ANGLOIS,

EN NOVEMBRE 1809;

ET DE LA GUERRE PERPÉTUELLE:

LETTRES INÉDITES;

PAR le Chevalier CROFT, Baronnet.

Les hommes qui veulent allumer la guerre parmi les Nations d'Occident, membres de la même famille, veulent la guerre civile.

Le Prem. Consul à M. Fox, le 2 sept. 1802.

A PARIS,
CHEZ LES MARCHANDS DE NOUVEAUTÉS,
1809.

DU MINISTÈRE ANGLOIS,

EN NOVEMBRE 1809.

Au Comte de Moira.

Amiens, 15 *novembre* 1809.

Mon cher Lord, cette malheureuse guerre a fermé la porte à toute communication ; et Dieu sait quand Votre Seigneurie auroit reçu cette lettre en manuscrit, ou à quelle époque elle la lira imprimée. Néanmoins, je l'imprime, comme faisant partie de mon *Histoire Épistolaire*, et à cause de deux ou trois idées qui m'ont passé par la tête et qui pourront avoir leur utilité devant le public.

Je desire, pour la même raison, de mettre au jour dans ce moment ma *Lettre sur la guerre perpétuelle*, que je vous ai envoyée imprimée, mais non publiée, il y a cinq ans, en vous priant d'en déposer un exemplaire aux pieds de S. A. R. le Prince de Galles, à qui ma famille et moi, nous avons tant d'obligations.

Pendant ce temps, où tout m'a confirmé dans mon opinion, non seulement sur l'horreur, mais encore sur la folie d'une *guerre perpétuelle* (quels mots pour les fourmis de l'espèce humaine!), nos différens Ministres, excepté le grand Fox, ont fait l'impossible pour rendre cette terre, où nous sommes exilés, j'espère, de quelque heureuse planète, un véritable enfer, par le moyen de cette guerre inouie.

Et quels résultats précieux a-t-on retiré de cette *guerre perpétuelle* de M. Pitt, de son scribe, M. Hankin, et de son pupille, le vaillant Lord Castlereagh? Lord Castlereagh, si partisan de la guerre, que, ne pouvant persuader au frère aîné de M. Pitt de la faire contre Anvers, il la fait lui-même à M. Canning, qu'il appelle de la table du conseil privé de leur malheureux Roi (trop malheureux, en effet, de n'avoir que de tels Ministres!), pour décider, *par le sort des pistolets*, qui des deux est le moins capable, dans une telle crise, d'opérer le salut d'un grand peuple?

Que peut-il résulter de-là, mon cher Lord? Voici ce qui en a résulté. Que, si nous nous en tenons aux moyens humains, nos regards envieux découvriront aisément qu'il n'y a pas une des couronnes, dont est couvert le front glorieux du digne successeur de Charlemagne, que quelques-uns de nos ingénieux Ministres n'aient pas contribué à y placer de leurs mains; qu'il n'y a point une seule des feuilles de laurier qui ombragent le trône impérial de la France, que ces habiles politiques ne puissent se vanter d'y avoir plantée, en l'arrosant, hélas! du sang de nos compatriotes, et de celui de nos semblables, qui ne doivent guères nous être moins chers.

La postérité ne doutera-t-elle point, avec justice, si de tels Ministres travailloient vraiment pour la gloire de Georges III, ou pour celle de Napoléon?

Je ne crains pas d'écrire ce que je dirois, hautement, demain, à la Chambre des Pairs; mais en ne parlant que quatre ou cinq minutes, comme feu M. Rigby, au lieu de cinq ou six mortelles heures, comme tous nos grands orateurs modernes. Je sens qu'il seroit du devoir d'un honnête homme

de dire : « Ces étranges Ministres ne peuvent pas
» manquer, en se regardant sérieusement l'un
» l'autre (s'il est possible), de sentir leur terrible
» insuffisance pour gouverner, même sous un
» Roi qui ne seroit jamais malade, et pendant
» une *paix perpétuelle*. Ils ne doivent point ou-
» blier, tout-à-fait, non plus, par qui ils ont été
» choisis, et pourquoi ils ont été élevés au poste
» où ils sont si justement étonnés de se trouver.
» En vérité, je ne penserois pas avoir une idée
» de Ministres aussi incroyablement hardis, aussi
» réellement coupables, si je ne me rappelois ceux
» qui, dans un autre pays, avoient l'audace de
» servir de tous les Rois le plus malheureux pour
» son peuple; qui donnoient leurs mauvais et rui-
» neux conseils à un Charles VI de France, sur-
» nommé *l'imbécille*, et trop souvent malade pour
» les comprendre; pendant que la Reine elle-
» même conspiroit avec eux contre son fils aîné,
» qui étoit chéri des peuples qu'il devoit un jour
» gouverner, encore plus qu'il n'aimoit son père;
» et pendant que les Anglois, aidés par de tels
» Ministres et par les habiles Lords Chatham de
» la France, faisoient la conquête de presque
» tout le royaume futur du Prince héréditaire, et
» couronnoient un Roi étranger dans Paris.

» Burke, qui prenoit plaisir à peindre ce qu'il
» desiroit de voir, la France rayée de la carte des
» Nations, ne liroit pas, assurément, aujourd'hui,
» l'histoire de Charles VI de France, sans verser
» des larmes.

» Oh! ce noble Prince de Galles, ce digne suc-
» cesseur du Prince Noir, quelle sombre couleur
» de tristesse doit nécessairement se répandre jus-
» qu'à son ancienne armure, à son heaume et à
» son surcôt, quand, simple colonel, sous je ne

» sais quel commandant en chef, il vient seule-
» ment à penser à la destinée de Charles VI et
» de celui que sa mère osa nommer *le soi-disant*
» *Dauphin!* Dieu défende les royaumes, qui doi-
» vent tôt ou tard être gouvernés par Georges
» IV, contre de semblables Ministres! Leur folle
» impéritie, Peuple anglois, pourra un jour vous
» être plus fatale à Londres, que ne le seroient à
» Douvres les armées de Napoléon! »

Plaisans Ministres, à commencer par M. Pitt lui-même, d'avoir entrepris de lutter avec un être tel que Bonaparte.

Non tali auxilio nec defensoribus istis
Tempus eget. (Virg. Æn.)

Quant à M. Pitt, il ne s'agissoit au commencement, je le sais d'une manière positive, que d'une simple affaire de rivalité personnelle et de personnelle jalousie, de sa part. Il ne pouvoit souffrir de voir un autre homme, encore plus jeune que lui, arracher des mains de la Renommée la trompette éternelle qu'elle étoit depuis si long-tems accoutumée à remplir du nom de Pitt, père et fils ; et en tirer un nouveau nom, qui résonnoit aux quatre coins de la terre, et qui promettoit, même alors, de retentir jusqu'à la postérité la plus reculée. Sans cette misérable jalousie, la France et l'Angleterre auroient, peut-être, joui de la paix, pendant les cinq ou six dernières années.

J'ai connoissance de cette rivalité personnelle de M. Pitt, par ce qu'elle lui occasionna de dire, à la lecture du passage suivant de mon ouvrage politique, intitulé : « *BONAPARTE, Consul à vie* », dont j'avois fait imprimer à Lille, en 1803, avant la déclaration de guerre, tout ce que j'en avois écrit jusqu'alors, et que je n'ai point achevé ; mais dont je lui envoyai (en même temps qu'à Votre

Seigneurie)

Seigneurie) ce qui étoit déjà sorti de la presse, afin de lui prouver que je n'avois pas lieu de rougir de mes sentimens.

« Mais, après tout, dira-t-on, est-ce à un étran-
» ger, un Anglois, à venir nous menacer de ses
» sermons politiques, se mêler de nos affaires *in-*
» *térieures*, et discuter nos intérêts *nationaux?* »

Oui, François; car ils sont aussi nos intérêts.

Est-il quelqu'habitant d'un état policé, quelqu'homme civilisé, qui ne tourne ses yeux avec inquiétude vers votre palais consulaire? La paix intérieure de la France n'est pas seulement liée, de la manière la plus étroite (comme je pense, au moins, ou je n'écrirois pas), à la paix extérieure et intérieure de l'île voisine qui a trop souvent été sa rivale, mais à celle de chaque pays de l'Europe; à celle du plus humble Etat, du coin du monde le plus retiré et le moins étendu. J'ose même demander, quel est l'individu le plus éloigné de Paris, quel est l'habitant de la dernière île découverte par Cooke ou par Lapeyrouse, qui ne puisse et ne doive dire, aujourd'hui, aux François — *votre repos est notre repos; votre félicité est notre félicité?*

J'ose demander davantage; quel est le Souverain, le mieux affermi sur son trône et le plus environné de l'amour de ses sujets, COMME EST LE NÔTRE, qui ne doive s'intéresser à la conservation du Premier Consul? Peut-être même en est-il, dont Bonaparte pourroit dire, après le grand poëte de la France,

« Et ma tête en tombant feroit choir sa couronne (*)? »

Hélas, que n'arriveroit-il pas, en France, en

(*) P. Corneille. Le Cid. A. 2. S. 1.

Angleterre, et jusqu'aux Antipodes, si trente-trois millions d'hommes venoient à se vouer, encore une fois, à l'anarchie, à l'athéisme, au meurtre, au pillage, à tous les forfaits, en un mot, à la vraie barbarie ; après en avoir fait l'horrible essai, pendant plus de dix ans ? et sur-tout après avoir RETROUVÉ leur unique prospérité, leur unique salut, dans l'ordre, la sûreté et la protection d'un vrai Gouvernement, et dans les principes et les promesses de la vraie religion ? L'état de la France seroit nécessairement mille fois plus affreux que pendant la fureur des révolutions que Bonaparte vient de finir ; et je suis persuadé que jamais ce peuple ne tomberoit dans un tel abyme, sans y entraîner, après lui, bien d'autres peuples.

M. Pitt, après avoir lu ce passage, disoit ces mots, qu'un de ses *Hankins* a répétés à cause de leur *vérité :* « C'est de moi que le Chevalier Croft » devoit dire que j'étois la clef de la voûte poli- » tique de l'Europe, et non pas de son Héros. »

Cependant le fait est que ce célèbre M. Pitt, retiré de notre monde pour recevoir récompense ou punition, expiroit en disant : « Je meurs en » paix avec le genre humain » (quelle sanglante plaisanterie pour l'auteur de *la guerre perpétuelle !*) ; le fait est que cette pierre fameuse est tombée pour jamais de la voûte politique, sans que l'édifice auquel elle étoit attachée s'écroulât en pièces à nos yeux. Loin de là, je prétens que si la Providence avoit seulement allongé de quelques mois la vie de Fox, dont je vous ai envoyé l'épitaphe, la mort de M. Pitt auroit été considérée comme un bonheur universel.

Mais la mort, qui épie pour surprendre chacun de nous, soit que nous prêchions la paix, soit que nous propagions la guerre ; la mort, à la porte de laquelle, comme le dit un auteur anglois, si bien oublié qu'on ne lui a jamais dérobé cette idée, « sont entassés tant de couronnes et de sceptres, » qui y ont été posés, par leurs maîtres, comme des » dépouilles devant le grand conquérant » ; la terrible mort, dis-je, m'avertit de m'occuper d'un autre ordre de choses aussi bien que de cette misérable condition humaine. Le ridicule attaché aux successeurs de M. Pitt n'a pas même le pouvoir de diminuer, sur-tout dans l'esprit d'un Anglois, le serieux de cette pensée.

Je demanderois donc, à ce moment de tristesse publique, si l'on peut croire que la Providence a, pour la première fois, abandonné toutes ses créatures; et dans le cas où cela n'est point ainsi, je demande si Napoléon n'obéit, d'aucune manière, aux ordres de la Providence, et si celui même qui est son ennemi personnel au degré ou l'étoit M. Pitt, peut le nier ; je demande si nous avons le droit de prétendre, nous et nos Ministres, que nous sommes, par excellence, les instrumens de la volonté divine, et qu'elle nous prescrit *la guerre perpétuelle* de M. Pitt, parceque les François ont choisi Napoléon pour leur Empereur.

« Sans une guerre perpétuelle l'Angleterre est » perdue », me diront nos nouveaux Ministres, d'après M. Pitt et ses *Hankins*.

Bacon ne parleroit point ainsi, ni comme homme, ni comme historien, ni comme politique. Aucun de ceux qui se souviennent de la guerre d'Amérique ne parleroit ainsi.

Il y a trente ans que j'entendois tout le monde dire : « Sans la soumission de nos Colonies, l'Angle- » terre est perdue. ». Mais la Providence rioit à la misérable sagesse humaine. La perte de nos treize Colonies a été utile à la Mère-Patrie.

Duris ut ilex tonsa bipennibus
Nigræ feraci frondis in Algido,
Per damna, per cædes, ab ipso
Ducit opes animumque ferro.
(Horat. Carm. lib. IV. 4. v. 57.)

Qui donc prétendra qu'il y a tant de dangers à faire la paix avec Napoléon, que l'Angleterre doit y préférer une *guerre perpétuelle ?* Qui a lu si avant dans les secrets de la Providence, qu'il puisse assurer que le Ciel ne nous réserve pas dans cette paix, si naturelle à l'humanité, quelque grande félicité nationale ?

Une *guerre perpétuelle !* Des éphémères, des insectes qui ne sont pas certains d'un jour, d'une heure, d'un moment! parler de la *guerre perpétuelle*, oser même y penser! Lesquels sont donc, je ne dis pas chrétiens, mais hommes, de nous qui jurons une telle guerre à nos voisins, ou des quakers qui ont fait et gardé le serment d'une *paix perpétuelle* et universelle avec tous leurs semblables ? O Penn! ô mémorable ami de la triste humanité! j'allois presque dire : ô digne ami de la Divinité même !

Et dans le dix-neuvième siècle d'un âge éclairé, le glaive des compatriotes de Penn ne doit pas pardonner à un seul de quarante millions de François !

Oh! si je pouvois trouver un peu de cette éloquence qui a fait tant de mal dans le Parlement, depuis cent ans ; si j'avois le pouvoir de personnifier ma Patrie et de lui faire prévoir la situation à venir qu'elle encourt ; de lui faire entendre d'avance tous les cris que lui arracheroit la conscience, au moment où, elle aussi, après la révolution de tant d'Empires, elle sentiroit la main de Dieu ! au moment où elle liroit, avec des larmes de sang (ce que Dieu défende !), ces mots d'un François presqu'inspiré : « Si Babylone eût pu croire qu'elle » eût été périssable, comme toutes les choses hu- » maines, et qu'une confiance insensée ne l'eût » pas jetée dans l'aveuglement, elle eût pu pré- » voir ce que fit Cyrus. » (*Bossuet, part.* 3. *chap.* 5. *Hist. univ.*)

Apparent diræ facies, inimicaque Trojæ
Numina magna Deûm. (Æn. 2.)

Ah ! croyez-moi, Lord Castlereagh, croyez-moi, M. Canning, Dieu ne vous a pas permis de devenir les Ministres d'un grand Peuple, parmi des difficultés si grandes, pour que vous occupiez le public, pendant qu'on enterre vos compatriotes par milliers dans l'île de Walcheren, de vos duels si indécens et de leur origine si scandaleuse !

Ah ! croyez, Peuple anglois, à ce que vous avez vu depuis le 9 Novembre 1799 (18 Brumaire) ! Jamais un homme d'un sens droit, qui a lu comment Dieu s'est servi « des Assyriens et des Baby- » loniens, pour châtier ce Peuple; des Perses, » pour le rétablir ; d'Alexandre et de ses premiers » successeurs pour le protéger » (*Bossuet, part.* 3. *chap.* 1. *Hist. univ.*) ; jamais un homme qui a été le contemporain de quelqu'un plus grand encore que Cyrus et Alexandre ensemble, et qui l'a vu changer la face des choses humaines, plus que tout autre homme que Dieu ait envoyé sur la terre ; jamais personne ne prendra sur soi de dire que l'existence de Napoléon a pu n'entrer pour rien dans les vues de la Providence, dans les desseins secrets de cette Divinité « qui connoît la

» sagesse humaine, toujours courte par quel-
» qu'endroit. » (*Ibid. vers la fin.*) (*)

(*a*) Oseroit-on nier, je le répète, que l'existence d'un homme qui a influé sur tout l'état du Globe, et plus que tout autre, soit entrée dans les desseins de la Providence? Je crois pouvoir prouver que la mort même d'un seul individu, parmi les milliers qui meurent presque à chaque minute de chaque jour, n'a pas été étrangère à ses vues suprêmes.

Que me diroit-on si je rapportois qu'un blasphémateur est mort peu de temps après que le blasphême venoit d'être proféré? On me diroit, peut-être, qu'il ne seroit pas moins mort sans son audace.

Que me diroit-on si je racontois que le blasphémateur a été frappé au moment même de son impiété? On me diroit, sans doute, que la mort est toujours à la porte de l'homme le plus saint, comme à celle de l'impie.

Mais si je prouvois qu'un des Pères de la Révolution et de l'Irréligion françoises a mis par écrit, avec délibération, dans une phrase d'une familiarité étudiée et d'une insultante bassesse, « *qu'après de longues années*, sa » haine sacrilège seroit assouvie; » et si je montre que la mort, attentive à ses paroles, est revenue, à l'époque qu'il indiquoit, *après de longues années*, et avec l'exactitude d'un créancier, pour lui rappeler le moment solennel qu'il avoit volontairement désigné, et pour le conduire devant l'Être qu'il avoit, pour ainsi dire, cité comme témoin; que me répondroit-on?

Il y a quelque chose de plus. Voltaire écrit à d'Alembert, le 25 février 1758 (Ed. 1784, tom. 67, p. 79. Ed. 1789, tom. 97, p. 85.) « Dans vingt ans, Dieu aura beau » jeu. ». Et celui qui trouvoit une main pour tracer ces mots, est mort vingt ans après, le 30 mai 1778.

Mais, est-ce là tout? Non! Le Prophète avant que de mourir signoit un acte qui commence ainsi : « je soussigné, » déclare, qu'étant attaqué, DEPUIS QUATRE JOURS, » d'un vomissement de sang, à l'âge de quatre-vingt-» quatre ans, et n'ayant pu me traîner à l'église, etc. ». Le procès-verbal de cet acte existe, et il est daté du 2 mars 1778. Personne n'a encore songé à rapprocher ces terribles dates, telles que toute l'histoire n'en offre point de plus remarquables. Faut-il s'écrier avec Juste-Lipse,

Que ces nouveaux Ministres de la malheureuse Angleterre ne m'accusent pas cependant de leur

---

dans une autre occasion : « *Si à casu, miremur; si à Deo, vereamur* » ? ou faut-il dire quelque chose de plus? En tout cas, qu'on me dise combien de momens, combien de mouvemens du balancier d'une pendule, il y a au-delà du temps fatal de 20 ans, entre le 25 de février 1758; de ce mois de février qui n'a communément que vingt-huit jours; et le 2 mars 1778, en retranchant les *quatre jours* dont parle le moribond lui-même?

Nous voyons donc avec quelle exactitude la fidèle mort arrive après ce long intervalle. Le cocher de Madame la Duchesse du Châtelet à Cirey, ne venoit pas plus ponctuellement à l'heure, que ne s'est montrée cette redoutable messagère devant Voltaire, pour l'emmener avec elle et décider enfin qui devoit *avoir beau jeu*, de lui ou du Dieu qu'il a blasphémé. Ses vingt ans finissent, et son éternité commence.

Nous voyons tout cela : et qui le voit sans trembler! Dira-t-on maintenant que celui qui a relevé tous les autels du Dieu vivant, quand ses Prêtres mêmes n'osoient pas former une telle espérance, a été moins créé pour completter les vues d'un Dieu de miséricorde, que l'auteur de la *Pucelle d'Orléans*?

Je sens, mon cher Lord, et encore mieux, peut-être, dans ma situation que tout autre, jusqu'où en forçant ce que je dis, un politique pourra me conduire; mais, depuis Machiavel jusqu'à M. Perceval, je défie le plus intrépide raisonneur de faire que ce qui est vrai, cesse de l'être. *Valeat quantùm valere potest, i. e. quantùm valere debet.*

Je mettrois au défi, non pas M. de la Harpe, qui a enfin rétracté ses erreurs, mais d'Alembert, mais Diderot, mais Condorcet, s'ils vivoient encore; je les mettrois au défi de n'être pas frappés de ces dates, comme Voltaire lui-même devoit l'être, sans doute; si, entre le 25 février 1778 et le 30 de mai, le souvenir de cette menace, vainement faite au Dieu vivant, a pu ajouter aux horreurs de son agonie, dont le spectacle faisoit fuir tous ses amis. Qui d'entr'eux-mêmes, sans parler des peines d'un autre monde, eût consenti à passer ces trois mois, sur le *lit de roses* où Voltaire attendoit la mort, au prix de toute la gloire que lui ont procurée ceux de ses ouvrages qui ne couvrent pas son nom d'infamie!

proposer, d'aucune manière, de mettre aux pieds d'un si grand homme les trois couronnes de nos

---

Il est vrai que Voltaire a pu, comme tant d'autres, prévoir les maux d'une révolution qu'il avoit lui-même préparée de si loin. Dieu, dans sa sagesse, a pu lui permettre d'ébranler les colonnes du Temple, mais il lui a refusé le triomphe d'en voir la chûte; et quelle n'eût pas été son humiliation, si on lui avoit dit, en 1778, sur son lit de mort: « Celui qui doit rétablir, *dans vingt ans,* le Temple, » et tout ce que, pendant votre vie entière jusqu'à la dé- » crépitude, vous avez cherché à détruire, compte à peine » aujourd'hui neuf ans; il est né le 15 août 1769, à » Ajaccio, dans cette île de Corse, dont un de vos com- » plices, qui vous suivra le 2 juillet de cette année, a » dit: *J'ai quelqne pressentiment qu'un jour cette petite* » *île étonnera l'Europe.* » (Contrat Social, liv. 2. ch. 10.)

Voilà quelque supplice, assurément, pour le *Novateur*, comme il nomme son Mahomet (Acte 1. Sc. 1.), et pour ses expressions infernales, doublement infernales par leur sens et par leur ironie: « *Dieu aura beau jeu.* »

Mais qui sait si l'Ange des punitions, en multipliant pour ainsi dire Voltaire et tous ses sens, n'a point créé pour lui une espèce d'enfer exprès, et ne le tourmente pas de quelque châtiment plus terrible que celui dont la justice et la possibilité frappent notre foible intelligence, effrayée de voir un de nos semblables, que Dieu a doué des talens d'un Ange, et qui dirige ces talens contre Dieu lui-même avec la fureur d'un Démon? Qui répondra aux admirateurs du génie de Voltaire (et j'en suis un), que son ombre, reproduite d'une manière inintelligible, mais non pas incroyable, n'a point été forcée de passer de nouvelles existences, au milieu de tous les crimes que la Révolution, SA Révolution, a produits? qu'elle n'a pas été condamnée à subir, au même moment, et dans tant de lieux différens, le spectacle de tant de cruautés inouies? à voir des malheurs qui n'ont pas été vus par nous? à entendre des cris qui ne nous sont pas parvenus? à suivre dans sa chûte, sans cesse renouvellée, la hache meurtrière et infatigable, appelée cependant par la victime, impatiénte de mort, dont elle terminoit la souffrance? à recueillir toutes les plaintes, tous les soupirs, tous les gémissemens de tous les infortunés, jusqu'à la veuve couverte du sang noble, anciens Rois, qui ont si souvent distingué mes ancêtres! Je n'ai d'autre intention que de les conjurer solennellement, comme homme, comme gentilhomme et comme ecclésiastique, d'éteindre les machines infernales avec lesquelles ils ont fait sauter les frégates espagnoles et brûlé la capitale du neveu de leur Roi, et de considérer avec calme, s'il n'est pas temps enfin de céder au cri de l'humanité, et d'accueillir les propositions de paix honorable que l'Empereur des François leur a tant de fois adressées.

Si j'étois l'ennemi personnel de nos nouveaux Ministres, je parlerois, peut-être, avec plus de sévérité encore de leur effrayante insuffisance. Mais je le suis si peu, que je leur conseille, avec plaisir, de lire, au milieu des études de leur éloquence parlementaire, une lettre écrite par le Sénat d'un autre siècle. M. Canning avoit, au moins, beaucoup de littérature. S'ils ne sont pas tout-à-fait sans goût littéraire, comme sans talens politiques, ce

---

cher et innocent de son mari et de leurs enfans; qui, pour son premier crime, se suicide dans la *fausse* espérance de les rejoindre? à sentir, enfin, que c'est l'abus de ses divins talens qui a causé plus d'effroyables misères et d'atrocités infernales que les talens de tous les écrivains ensemble n'en pourroient décrire: et à savoir que les remords affreux dont elle étoit dévorée ne faisoient que commencer son enfer; enfer tel que notre imagination en conçoit à peine la pensée, et que le délire mélancolique d'un Tasse ou d'un Pascal, n'a, peut-être, jamais rien apperçu de pareil?

I nunc, et versus tecum meditare canoros.

A présent, audacieux prosélytes de Voltaire, allez imiter ses écrits harmonieux et pratiquer ses diaboliques maximes! En dépit de vous, *Dieu aura*, toujours, *beau jeu :* et cela en bon françois, et non pas dans le françois lâche et insolent de Voltaire.

que je vais transcrire frappera même ces Messieurs. Ce n'est pas seulement parmi les trésors inconnus de notre ancien auteur Joseph Hall que j'ai découvert une pierre précieuse (le passage que j'ai cité sur la mort) : j'ai trouvé aussi ce brillant morceau d'un vieux François, qui a été admiré, jusqu'à présent, par très-peu de ses compatriotes. Cependant nos livres, soit anciens, soit modernes, ne nous offrent pas beaucoup de beautés aussi éclatantes ; et l'antique bon sens qui distingue celles-ci, devient encore plus grave, plus solennel, plus divin, à mes yeux du moins, comme admirateur de Montaigne et d'Amyot, par l'antiquité religieuse des tours et des expressions. Oh! si les pensées que ce passage contient étoient aujourd'hui moins à la mode encore que le style dans lequel elles sont écrites, et que vous allez lire et admirer, mon illustre ami!

« Entre les Atheniens et les Lacedemoniens fut » suscitée une trescruelle guerre, sur le different » de quelques confins. Pource estans venus en » bataille campés, les Lacedemoniens furent rom- » pus et desconfits par les Atheniens : les vaincus « demanderent trefve aux victorieux, et pour plus » facilement les y disposer, y envoyerent pour » ambassadeur le renommé philosophe Euxin : » lequel avec si éloquent stil parla à ce Sénat en » la louange de la paix, et avec si belles et doctes » raisons fit sa remonstrance, que non seulement » la trefve leur fut concedée par les Atheniens, » mais aussi leur remirent par don les confins qu'ils » pretendoyent leur appartenir, tant eut de puis- » sance la harangue d'Euxin : par lequel le Senat » d'Athenes leur rescrivit ceste lettre.

« Le Senat et Peuple d'Athenes mande salut » et paix aux Lacedemoniens. Nous appelons les

» Dieux en temoignage, qu'en la bataille passée » nous avons eu plus de desplaisir pour vous veoir » ainsi sanguineusement vaincus que n'avons eu » de plaisir de nous veoir victorieux : par ce qu'à » la fin les effets de la guerre sont tels, qu'aux » vaincus le dommage est certain, et aux victo- » rieux l'utilité est doubteuse. Nous eussions bien » voulu que ce que maintenant nous demandez eus- » siez demandé auparavant: mais qu'y peut on faire » si le sort est tombé sur vous & sur nous, & » que vous ayez beaucoup perdu en ceste guerre, » & nous n'ayons eu aucune utilité de vostre perte? » puisque la reigle est certaine, que tout ce que » les Dieux ont ordonné, ne se peut sçavoir par » humain iugement, ni empescher par humaine » puissance : vous nous demandez la tresve pour » trois mois, affin que durant ce temps, accord » soit traité entre nous : Nous vous respondons » que le Senat d'Athenes n'a point accoustumé de » faire tresve, pour en après recommencer la » guerre : ains a pour loy tresancienne, qu'il » accepte librement guerre cruelle, ou bien il » accorde librement la paix perpetuelle. Nous » nous efforçons en temps de paix d'attirer en nos » academies des hommes sages, pour nous valoir » de leur conseil en temps de guerre : & iceux » nous conseillent maintenant de ne faire point » de tresve soubs condition suspecte, & nous » semble qu'ils nous conseillent bien : car une paix » feinte est beaucoup plus dangereuse, qu'une » guerre ouverte. Le philosophe Euxin vostre am- « bassadeur a si éloquemment parlé en ce Senat, » que se seroit chose irresonable luy desnier chose » qu'il ait demandee : aussi est ce chose plus hon- » neste conceder la paix à celuy qui la requiert » par paroles, qu'à celuy qui la demande avec la

» lance : Or nous disons & vous faisons à sçavoir « maintenant, que nostre Senat accorde de bon » cœur à vous Lacedemoniens, loyale paix, vous » deliurant du soupsçon de la guerre : & ce faisons » affin que le monde sçache que les Atheniens sont » de si grand cœur contre les audacieux, & si » grands amis des sages, qu'ils sçauent chastier les » fols capitaines, & se laissent commander par les » sages philosophes. Vous sçavez bien que tout » nostre different est yssu par la possession des » villes assises sur le riuage du fleuue Milin : Par » ceste lettre donc, nous vous disons & iurons par les » Dieux immortels, que nous vous renonçons tout » le droit que nous y pretendons, à la charge que » à l'encontre vous nous donnerez Euxin vostre » ambassadeur, car l'heureuse Athenes aime mieux » un philosophe en son Academie, que toute une » province pour sa République. Et vous Lacede- » moniens, ne reputez acte de legereté, d'auoir » changé l'empire et seigneurie de plusieurs, pour » nous laisser commander par un seul homme : car » ce philosophe nous enseignera à bien vivre, là » ou nous donnions en ce païs là occasion de mal » mourir. Et puis que de si anciens ennemis, nous » nous declarons vos si vrais amis : nous voulons » non seulement vous deliurer de la guerre, & » vous enuoyer la paix : mais nous voulons encore » donner conseil pour la conseruer : car la mé- » decine qui conserue la santé, est de plus grande » excellence, que n'est celle qui dechasse les ma- » ladies : Or voicy le remede. Tout ainsi que vous » souhaittez que vos iouuenceaux s'exercent aux » armes, ainsi soyez diligens que vos enfans ap- » prennent les lettres, au temps : car tout ainsi » qu'on fait la guerre avec les cruelles lances ; aussi » avec douces paroles se obtient la paix. Ne pensez

» pas, Lacedemoniens, que nous vous persuadions
» cecy sans cause : car en delaissant le conseil des
» sages,& laissant croistre oysiueté parmi le peuple,
» cela engendre les séditions, & guerres ciuiles,
» pour se faire mourir l'un l'autre. Et ne voulons
» point pourtant que vous pensiez, que nous soyons
» amis de grands parleurs : car nostre pere ancien
» Socrates ordonna que la premiere leçon qu'on
» liroit au disciple en l'Academie fust que pour
» l'espace de deux ans, il n'osast aucunement parler,
» car il est impossible qu'aucun soit prudent en
» parler s'il n'est fort patient à se taire. Plaise vous
» donc que Euxin reste auec nous ; & imaginez
» que si nous esperons utilité de sa présence, vous
» pouuez estre asseurez, que des conseils qu'il
» nous donnera ne receurez aucun dommage :
» car c'est une loy fort ancienne en Athenes, que
» le Senat ne peut faire en reprinse de guerre,
» premierement les philosophes n'ayent examiné
» si elle est iuste. Nous ne vous dirons autre chose,
» fors que nous prions les Dieux immortels vostres
» & nostres, qu'ils soyent garde de vous et de
» nous, & leur plaise nous conseruer perpetuel-
» lement en ceste paix : car cela seulement est
» perpetuel, qui est confirmé par la volonté des
» Dieux. »

« Les diverses Leçons de Pierre Messie, Gentilhomme » de Sevile, mises de castillan en françois par Cl. Gruget, » Parisien. » 4e éd. A Tournon. 1604. 4e partie, chap. XII. p. 501.

Que nos nouveaux Ministres, mon cher Lord, et tous les membres des deux Chambres de Parlement se souviennent de ce que cette lettre si éloquente dit des *grands parleurs*. C'est ici la véritable, l'utile éloquence; mais c'est l'éloquence de Chatham, de Burke, de Fox, de Pitt, etc., qui a conduit l'Angleterre sur les écueils où le vaisseau de l'État, entr'ouvert, se trouve à présent. Comptez seulement les 70 millions sterling (ou peut-être davantage) de taxe annuelle, que les sages Ministres de Georges III ont ajoutés aux sept millions qui faisoient tout l'impôt national, quand S. M. succéda à son Grand-Père en 1760, et vous verrez combien d'argent, je ne dis pas de sang, nous avons payé pour chaque mot de ces *grands parleurs*.

Croyez-moi, Sénateurs indignes de s'assembler sous le règne mâle d'une Elizabeth; la *gorgiaseté* (pour me servir d'un mot du bon vieux temps), la vaine *gorgiaseté* de votre éloquence enflée seroit condamnée dans un Sénat d'Amazones, eussent-elles des hommes, et même des hommes comme vous, pour auditeurs. Un de nos *grands parleurs* occupe le Parlement pendant plus d'heures, sur une question quelconque, qu'il n'en coûte à celui qui est l'objet de ses phrases guerrières, pour gagner une grande bataille.

Je declare devant l'Europe, afin de forcer ma Patrie à y réfléchir, qu'on *parle* tant chez nous ; qu'il y a tant de *grands parleurs* dans notre Sénat, qui n'est pas tout-à-fait le Sénat d'Athénes ; qu'il y a tant à *parler*, soit sur les talens militaires du Lord Chatham d'aujourd'hui, soit sur ceux du Duc d'York, soit sur la protection militaire de Mme. Clarke ; que si le domestique, à qui l'humanité de Mme. Clarke procura une commission, lui devoit encore son entrée au Parlement, et s'y présentoit aussi riche de *science parlière*, comme s'exprime Montaigne, que les *grands parleurs* qui nous ont fait tant de mal, rien n'empêcheroit que l'éloquent M. Perceval n'eût bientôt plus à se vanter de son influence, que le nom même de M. Pitt ne fût bientôt oublié et qu'on ne vît, je le dis sérieusement, celui qui naguères a servi modestement, à un digne Commandeur en chef, du vin pour être bu à la santé de la digne Mme. Clarke, travailler, comme premier Ministre, à la guérison de nos maladies publiques. Le vieux mot : *Detur digniori* a été parfaitement traduit par les sujets de Napoléon ; mais la traduction angloise ne seroit elle pas : *le Ministère au plus grand parleur?* Pour moi je voudrois qu'on ne *parlât* point au Parlement ; ou que personne n'y fût plus *grand parleur* que ne l'étoit feu M. Rigby, qui ne se levoit rarement que pour apprendre aux *grands parleurs* pendant combien d'heures ils avoient oublié la vraie question.

Hélas ! si ce sont les muets qui étranglent chez le Grand Seigneur, ce sont les *grands parleurs* qui étouffent, qui tuent dans la Grande Bretagne.

Retournant toujours, en dépit des Pitts et des Hankins, à mon texte sur la paix, dont je n'aurai jamais honte sous aucun rapport, je prie nos Ministres déclamateurs d'avoir la bonté de remarquer qu'à la fin de ce morceau, les honnêtes Sénateurs d'Athènes ne parlent point d'une *guerre perpétuelle*, mais d'une *paix* de cette espèce ; et qu'ils ont bien soin d'imprimer dans l'esprit des Lacédémoniens leur sublime adjectif *perpétuelle*, en l'introduisant solennellemeut par l'adverbe *perpétuellement.* M. Perceval, tout premier Ministre qu'il est, auroit peut-être de la difficulté à trouver, pour servir son éloquence, dans toute la langue de Bolingbroke et de Milton, d'autres adverbes et d'autres adjectifs qui valussent ces deux-là.

Avant que de cesser de parler d'une lettre que vous lirez, Milord, deux fois de suite, je vous dirai qu'il existe une autre lettre plus moderne et non pas moins frappante peut-être, écrite par celui qui a si souvent proposé la paix à ma patrie, et contre lequel je la prie, pour son honneur, et pour le bonheur de l'humanité, de ne pas soutenir une *guerre perpétuelle*. Outre les idées si grandes, si libérales, si vraiment royales de cet écrit, vous verrez que parmi tout le trouble et tous les soins des batailles, l'auteur sembloit se souvenir d'une partie de l'autre lettre ; ou plutôt que son génie et son cœur parloient naturellement le langage de l'ancienne Grèce.

« Bonaparte, général en chef de l'armée d'Italie, au citoyen Oriani, astronome.

Au quartier-général de Milan, le 5 prairial, an 4

« Les sciences qui honorent l'esprit humain, les arts qui embellissent la vie et transmettent les grandes actions à la postérité, doivent être spécialement honorés dans les gouvernemens libres. Tous les hommes de génie, tous ceux qui ont obtenu un rang distingué dans la république des lettres, sont François, quelque soit le pays qui les ait vu naître.

» J'invite les savans à se réunir, et à me proposer leurs vues sur les moyens qu'il y auroit à prendre, ou les besoins qu'ils auroient, pour donner aux sciences et aux beaux arts une nouvelle existence. Tous ceux qui voudront aller en France seront accueillis avec distinction par le gouvernement. Le peuple françois ajoute plus de prix à l'acquisition d'un savant mathématicien, d'un peintre de réputation, d'un homme distingué,

quel

quelque soit l'état qu'il professe, que de la ville la plus riche et la plus abondante. Soyez donc, citoyen, l'organe de ces sentimens auprès des savans distingués qui se trouvent dans le Milanois. »

Ainsi pensoit, ainsi écrivoit ce grand homme, que M. Pitt vouloit nous faire croire né pour le malheur du genre humain.

Ce que cette lettre classique dit de *la république des lettres*, me fait penser à mes humbles occupations littéraires. La postérité décidera quel rang doit m'appartenir dans cette république, où il y a tant de Rois et de Tyrans ; mais votre amitié, mon cher Lord, à laquelle j'ai tant d'obligations, ne sera point fâchée de savoir que j'ai enfin l'ami littéraire que je demandois dans un avertissement attaché à une autre lettre, imprimée mais inédite, datée de Lille, le 10 juillet 1805. Quoique j'aie envoyé dans le temps cette lettre à quelques littérateurs, il n'y a que deux ou trois mois que j'ai rencontré l'ami que je désirois si sincèrement.

J'espère que Madame la Comtesse a ajouté un fils à votre fille ; le temps décidera si ma vieillesse a trouvé un fils dans mon jeune, mais habile ami ; je réponds seulement, que si un des sept fils qu'il a plu à la Providence de m'ôter avoit montré à vingt-neuf ans une telle supériorité de caractère en tout genre, je n'aurois point demandé du ciel un plus grand bonheur ; je me serois trouvé heureux et honoré de laisser un tel homme l'héritier de mon titre et de ma fortune.

Je fais mes efforts pour vous présenter bientôt mon édition de *Télémaque*, avec beaucoup plus de variantes (et quelques unes très-curieuses) que le savant docteur Bosquillon n'en a recueillies pour la sienne, publiée en l'an 7. Après avoir transcrit, comme vous le savez, Milord, ce plus utile de tous les livres, je le traduis aujourd'hui dans notre langue, pour rendre toute la justice possible, qu'il n'a pas obtenue d'Hawkesworth lui-même, au chef-d'œuvre de Fénélon, et peut-être de l'esprit humain. Je suis fâché, seulement, qu'Amiens soit si loin (ô quelle distance ! grace à cette *guerre perpétuelle*) de la place de Saint-Jacques à Londres, que je ne puisse pas sur toutes les difficultés, courir consulter, Milord, votre goût si sûr et votre tact si délicat.

Ce que j'ai médité pendant bien des années, pour la grammaire et pour la langue françoises, suivra de près mon *Télémaque* ; et je souhaite que cet ouvrage prouve à Votre Seigneurie qu'elle n'a point été tout à fait trompée par l'amitié, quand elle a bien voulu dire quelquefois que j'étois dans le cas d'être un peu utile à la langue et à la grammaire angloises.

Mais, comme cette lettre à Votre Seigneurie doit vous le prouver, mes recherches grammaticales ne m'ont pas détourné du sujet de ma lettre à l'Archevêque de Cantorbery, que je réimprime avec celle-ci, ni du grand objet de tous mes souhaits et de toutes mes prières. Je ne crains point de me donner, aujourd'hui et dans l'avenir, pour un fol aussi achevé que l'Abbé de Saint-Pierre ; je considère même sa fameuse folie comme très-praticable, avec des Rois et des Ministres tels que des citoyens honnêtes et sages doivent les désirer. Au moins j'insiste à soutenir, en franc patriote et en zélé grammairien, que le meilleur exemple qu'un grammairien ait inventé jusqu'à présent, pour expliquer une règle, est ce que je viens de trouver dans la *grammaire générale* du célèbre Beauzée (tom. 2, p. 259.) « Fasse le ciel que nous ayons « bientôt la paix ». Si ce n'est que je préfère encore *le développement analytique* par lequel le profond auteur explique si bien sa phrase ; car cette idée ne sauroit être trop pleinement énoncée, et il me semble que quiconque est digne d'appartenir à l'humanité, doit désirer de faire demeurer l'esprit aussi long-temps que possible, sur une pensée pareille : « Je souhaite ardemment que le ciel fasse « en sorte que nous ayons bientôt la paix ».

Je sais bien, et vous le savez, Milord, que ce sentiment ne m'avoit pas attiré l'amitié de M. Pitt ; mais je sais aussi, et je proteste hautement, que ceux des amis de M. Pitt, qui sont encore les ennemis de l'humanité, ne me verront jamais penser d'une autre manière.

Mon nouvel ami partage bien les opinions que j'exprime ici et dans la lettre à l'Archevêque de Cantorbery ; je voudrois qu'il y eût assez d'exemplaires pour tous les compatriotes de M. Perceval et de M. Hankin, du dernier ouvrage qu'il a fait imprimer à 17 seulement, et qui est un choix de quelques traits sublimes recueillis dans ce que l'antiquité nous a laissé de Pythagore.

Dieu veuille que les habitans de notre île, jadis si célèbre, ne pleurent jamais des larmes amères, pour n'avoir pas profité de la sagesse bienveillante et profonde du premier des passages suivans du Philosophe de Crotone, en appliquant à M. Pitt et à ses successeurs, le sens inverse du second.

« Peuple entouré de nations en guerre, imite » les insulaires taphiens ; pendant le siége de Troye, » ils naviguoient. »

» Crotoniates, gardez le souvenir d'Æaque, » législateur d'Égine ; les insulaires n'étoient que » des insectes, il en fit des hommes. »

Hélas, notre Roi lui-même ne célèbre pas le cinquantième anniversaire de son avénement, sans se trouver cruellement forcé d'intervertir la place des deux adjectifs d'Auguste, s'il emploie le mot romain en parlant de la nation qu'il a gouvernée pendant un demi-siécle de malheurs : *lateritiam inveni ; marmoream reliqui.*

Que notre digne Reine, qui, avec tant de tendresse maternelle pour son fils aîné et pour son peuple, a par conséquent tout l'attachement possible pour le Roi ; que Sa Majesté ôte, je le dis avec soumission, de la bibliothèque de Georges III les lettres de *Junius*. Je me souviens bien de l'effet qu'elles produisoient, il y a quarante ans, et je ne crois pas qu'au prix de tout ce que ce monde pourroit offrir, je voudrois, avec de tels Ministres, les relire aujourd'hui, si j'étois le même Monarque qui a pu les lire en 1769.

Pour M. Perceval et ses complices, qu'on n'accusera certainement point la Reine d'avoir placés, ils ont assez de livres, avec les seules *Vies de nos Poètes*, par mon ami Johnson. Ils peuvent y lire, à leur loisir, dans la vie de Granville, ce que celui-ci écrivoit à son père, en 1688. « D'après ce que » j'entens dire, tout le monde désire le bonheur » du Roi ; mais tout le monde seroit charmé de » voir ses Ministres pendus. ».

Auparavant, qu'ils profitent de ce qu'ils voyent dans notre Chambre des Pairs, où il y a quelque chose d'une éloquence bien digne de Pythagore et bien différente de celle qui y fait retentir les murailles, même quand le Comte de Moira y expose la foiblesse d'un Ministre; mais cette touchante éloquence ne parle plus à ma patrie, quoique l'on puisse et que l'on doive l'entendre éternellement et dans tous les autres pays, aussi bien que chez nous; ma patrie semble avoir oublié que la première personne de l'auguste Chambre après le Roi, que le Grand-Chancelier d'Angleterre n'a pour siège, tout près du trône, qu'une simple balle de laine.

Peuple anglois, vous savez, peut-être, si les Ministres font la guerre en Espagne pour des *mérinos ;* mais, assurément, vous saurez un jour, qu'ils ont beau marquer du doigt sur la carte, ou même découvrir sur la terre ferme, les mines du Pérou, et l'endroit où ont été cachées toutes les richesses de *Hyder Aly* et de *Tipoo Saïb*, s'il ne voient point ce qui se trouve sans cesse, à leurs pieds. Oh cette balle de laine, si romaine, si athénienne, si vraiment éloquente! elle contient, elle offre, elle montre le *bonheur* qui fait des *heureux*, les *richesses* qui *enrichissent.*

Peuple gouverné par M. Perceval, malheureux descendans d'Alfred qui inventa, je crois, ce siège si royal pour son Chancelier; engagez vos Ministres, forcez-les, au lieu de se battre en duel, comme M. Pitt et ses pupilles, à contempler fixement le trône riche et paisible de celui qui représente leur Roi et à s'asseoir, comme lui, devant leurs compatriotes, sur des balles de laine. Hélas, de tels Ministres qui s'occupent à filer de si indignes intrigues publiques et particulières n'ont qu'un seul vrai rapport avec cette antique image : sans la sagesse de l'épouse d'Ulysse, quoiqu'ils aient envoyé dernièrement (2 juin) la frégate *la Pallas* devant l'île d'Ithaque, ils défont pendant la moitié de leur temps, tout ce qu'ils on ttrès-mal fait pendant l'autre moitié.

Adieu, mon cher Lord. Je suis très-éloigné de vouloir jamais vous compromettre par aucune de mes opinions. Mais, si vous n'avez pas changé d'idée sur les talens de M. Pitt lui-même, je présume que vous ne devez pas avoir grande idée, non plus, des talens réunis de cinq ou six de ses ignorans pupilles. En cas qu'ils persistent *perpétuellement* dans leur insensée guerre *perpétuelle*, je désire presque qu'ils aient le belliqueux Lord Chatham pour leur *perpétuel* général. Si ses dépêches ne sont pas loin de montrer la véracité du maître de Cliton, au moins témoignent-elles toute son humanité.

Les gens que vous tuez se portent assez bien.
Le Menteur.

Je vois que vos journaux s'égaient, *à la françoise*, sur ces nouveaux Ministres, et disent que ces Messieurs ont changé de place à la table du Conseil de leur Roi, comme les mauvais joueurs de Wisk, qui espèrent, en prenant de nouveaux siéges, décider la fortune à leur rendre une partie de ce qu'ils ont perdu, par leur faute, ou par leur étourderie.

Cela n'est pas mal ; mais j'aimerai mieux vous faire souvenir de ce que vous avez pu voir dans la traduction françoise du *Voyage en Italie* de Kotzebue (Paris, 1806, tom. 2. p. 206.). Ce voyageur allemand, dont la plume imprudente a attiré quelques-uns des derniers malheurs tombés sur l'humanité, voyoit à *Capo di monte*, une des résidences de l'ancien Roi de Naples, « un tableau » représentant six aveugles qui se tiennent par le » pan de l'habit ; c'est le premier qui conduit les » autres ; il fait un faux pas, il tombe, et tous les » autres font la culbute. ». N'est-il pas vrai, Milord, que voilà une peinture assez juste de nos Ministres, avec toutes leurs lumières ? si ce n'est que Kotzebue ajoute : » Le voyageur qui voudra sortir avec une » impression *gaie*, devra s'arrêter devant ce ta- » bleau *très-comique*. ».

Hélas! le plus grand ennemi de l'Angleterre ne

ressentiroit pas *une impression gaie*, en voyant la patrie de Bacon, de Shakespeare, de Milton, de Locke et de Newton gouvernée par de jeunes gens si totalement aveugles! et quel est le compatriote de Fox et de Nelson, du premier Pitt et de Wolfe, de Bolingbroke et de Marlborough, qui pourroit retenir ses larmes à l'aspect de tous les lauriers des temps anciens, indignement arrachés par des mains folles et sacrilèges?

Cependant, Milord, nous avons l'un et l'autre une consolation, comme Anglois; non pas, à près de soixante ans, de n'être pas éloignés du moment où nous devons être appelés dans un meilleur lieu, de notre exil sous de si *précieux* Ministres; mais d'être assurés que dans le cas où il nous resteroit encore autant d'années à vivre, nous ne verrions nulle part aucun Roi, dans aucune contrée, présenter cinq ou six sujets de pareil tableau au peintre politique de la postérité; à un Junius, à un Tacite, à un Machiavel. Non, Milord, des hommes d'une telle insuffisance ne seront jamais retrouvés dans aucun siècle. Quant à moi, permettez-moi de vous dire que dans le cas même où nous aurions encore, vous et moi, beaucoup plus de temps à vivre que je viens de le supposer, et que nos lettres passent facilement ou non, je ne cesserai jamais d'être,

Mon cher Lord,

De Votre Seigneurie

Le plus tendrement affectionné et le plus reconnoissant comme le plus réellement obligé Serviteur,

HERBERT CROFT.

P. S. Si je ne sais pas qui entend le mieux la guerre, de Napoléon, ou de M. Perceval, aidé par le frère et le Secrétaire de M. Pitt, Lord Chatham et M. Georges Rose; je sais comment Napoléon finit, le 8 du mois, sa circulaire aux Archevêques et Evêques de son Empire. Pendant que nos belliqueux Ministres continuent d'allumer une *guerre perpétuelle*, et qu'ils ont causé, peut-être, cette troisième guerre de l'Autriche, qui n'a duré que sept mois et cinq jours (du 9 avril jusqu'au 14 octobre), et qui étoit décidée en treize semaines et quatre jours, au moment où les hostilités furent suspendues par l'armistice du 12 juillet; voici comment parle de la guerre un Capitaine passablement guerrier : « La guerre, le *pre-* » *mier et le plus grand des fléaux.* »

Si nos nouveaux Ministres ne me permettent pas de dire que l'Autriche doit sa troisième paix à la générosité de Napoléon, ils ne m'empêcheront pas de bien savoir à qui cette Puissance doit les nouvelles pertes que sa dernière guerre lui a causées. Les amis de M. Pitt peuvent s'attendre à la voir, à leur porte, réclamant les provinces et les millions d'argent et d'hommes qu'elle a dépensés si inutilement. Hélas! notre porte ministérielle ne ressemble-t-elle pas à celle de la mort, dans le sublime passage de Joseph Hall? hors que ce sont, à la vérité, la présomption et l'impuissance de nos différens Ministres qui y ont entassé tous les sceptres et toutes les couronnes que nous avons vus tomber, depuis que M. Pitt prétendoit, car il n'étoit jamais sincère, devoir bientôt replacer la couronne de France sur la tête de ses anciens possesseurs.

Dans cet heureux moment de la paix que j'espère aussi voir luire bientôt pour ma Patrie, je vous soumets

soumets quelques vers latins que j'ai écrits, les uns à Lille contre la guerre de Lord Sidmouth, les autres ici pour la paix que j'attendois en vain, il y a trois ou quatre ans, du voyage de Lord Lauderdale à Paris. Je pourrois bien être aussi mauvais poëte latin que nos nouveaux Ministres sont misérables politiques anglois (si, par parenthèse, cela est possible); mais je me donne hardiment comme meilleur ami de l'humanité et de l'Angleterre en particulier, qu'aucun des fauteurs d'une *guerre perpétuelle*, contre quelque nation ou quelque Héros que ce soit. Si j'entendois toutes les langues, dans lesquelles on a jamais écrit, depuis la première guerre entre les premiers enfans d'Adam, je m'en servirois pour prêcher la paix, et pour célébrer le bonheur de son établissement parmi les hommes, qui sont tous frères.

VERS

ÉCRITS à Lille, avant la déclaration de guerre ; pour célébrer l'entrée du Premier Consul dans cette ville, dont la citadelle est le chef-d'œuvre de *Vauban*.

MUSA silet, tandem, MARENGI aeterna trophaea;
Nec sacram fœdat caede rubente lyram.
Hanc arcem, VAUBAN, saxum hoc immobile scandit,
Qui, nudus gladio, vincit in arte tuâ.
Plura facit, ramo felici armatus olivae,
Quam Mars, dùm misero sanguine crura madent.
Et Mars et VAUBAN vix arces claudere nôrunt :
Portus, rivi, urbes regnaque pace patent.

Haec verax Anglus Gallo de Consule. Utrinque,
Egregius populus corda manusque dabit :
Hinc, illinc, fidus mercator fœdera junget;
Hinc, illinc miles victor amicitiam.
Templa antiqua, iterùm, pandunt tibi, Gallia, testes,
Aras, quas tanget relligiosa manus.
Qui cupit heu ! tristes belli perrumpere portas,
Hunc aeterna premat vindicis ira DEI !

POUR LA PAIX GÉNÉRALE.

Notatum antiquis, nullum genus lauri in Corsicâ fuisse: quod nunc satum et ibi provenit. Ipsa pacifera, ut quam prætendi etiam inter armatos hostes quietis sit indicium.

Plinii. Nat. Hist. lib. 15. *cap.* 30.
Ed. Lugduni 1606. *p.* 338. 20.

GALLICA LAURUS.

Ecce! novum, ignotum antiquis, forte, utile, grande,
Nunc lauri exultat Corsica ferre genus.
Divinam laurum! fructu quaë prima superbit,
Expandens dotes divitiasque novas.
Victores cujus rami implent quatuor orbis
Attoniti partes, cujus et umbra tegit.
Quae, saepe, ignotos gaudet celebrare triumphos:
In quâ mortales dîque deaeque stupent.
Alta agitans folia et nullis labentia ventis,
Pullulat aeternùm perpetuòque viret.

Provenit? - Haud talis, « rerum (1) pulcherrima Roma, »
In campo Martis floruit ulla tuo.
Roma, tuae lauri crevêrunt sanguine fuso:
Avulsi tenuit quaeque locum populi. (2)
Pacifera? - Ah, certè! Nostrae est pax unica bacca
Lauri; atque hanc baccam gens sibi quaeque petit.

(1) Virg. Georg. II. 534.
(2) *Ubi solitudinem faciunt pacem appellant.*
Galgacus, de Romanis. Tacit. Agric. vita. 10.

Undique, nunc, animam ridens natura moranti
Inspiret flori huic, osculo, amore novo!
Purpureus florem hunc cœlestem suscitet annus!
Hunc ver assiduum et ventus et imber alant!
Oh! precor, hic mirus fructus, mortalibus aegris,
In desperatis sit medicina malis!

Dum loquor, hic fructus faustè provenit ubique:
Surrexit, ramis, frondibus, arbor ovans.
Hanc hyemes nunquam, fulmen, neque flabra, neque imbres
Convellent: stirpes altiùs arbor aget.
Haec, etiam, » ingenti ramorum (3) proteget umbrâ »
Et terras omnes, et simul omne fretum:
Haec, quoque, se pomis opulentam et numine pacis
Attollet; pandens brachia amica viris:
Haec, patriam gratis » factura (4) nepotibus umbram, »
Condet sanctum inter sidera laeta caput.
» Exiit (5) en! cœlo, ramis felicibus, arbor »
Pacis; dum fructus ultima saecla legent.

---

(3) Virg. Georg. II. 489.
(4) . . . . 58.
(5) . . . . 81.

DE LA GUERRE PERPÉTUELLE.

> Il veut une paix, dont tous les partis soient contens; qui finisse toutes les jalousies; qui appaise tous les ressentimens et qui guérisse toutes les défiances.
>
> *Télémaque. Liv. XI.*

A M.GR L'ARCHEVÊQUE DE CANTORBERY.

Lille, vendredi, 22 *Février* 1805.

MONSEIGNEUR,

QUOIQUE je sois tout-à-fait inconnu à Votre Grandeur, je vous demande la permission, comme anglois et comme ecclésiastique, de vous présenter l'expression de ma joie sincère, en vous sachant appelé à être le successeur de l'Archevêque Moore.

A mon retour d'Allemagne en 1799, et en traversant le comté de Norfolk, j'entendis assez parler de l'Évêque de Norwich, pour être convaincu de la manière distinguée dont un homme comme lui va remplir le siège de Cantorbery. Mon Pays aura plus d'une fois sujet de se réjouir désormais, sans doute, de ce que cette haute dignité, offerte par Sa Majesté en 1783 à mon ami l'Évêque Lowth, ait été conférée en 1805 à l'Évêque Sutton.

Mais c'est bien peu de chose que mon suffrage sur l'élévation méritée de Votre Grandeur; et certainement, je ne prétends pas l'importuner ici pour ce seul objet.

La principale raison pour laquelle je m'adresse

à vous, Monseigneur, c'est que Votre Grandeur est élevée à la première place de notre Église dans le moment le plus heureux pour votre réputation future ; dans un moment où, à la face de l'univers, le dernier des affronts est fait à la Religion Protestante, à la Chrétienté, à tout ce qui porte la moindre apparence de Religion, à toute idée même de l'existence d'un Dieu commun, le Créateur et le Père de tous les hommes.

Il est digne de vous, Monseigneur, de conserver l'honneur de notre Église aussi pur qu'il étoit avant que vous n'en devinssiez le Chef.

Hier les gazettes angloises et françoises, imprimées à Paris, ont apporté dans cette ville une nouvelle qu'elles vont répandre dans toute l'Europe; celle d'un Ouvrage publié dans la capitale où siège Votre Grandeur, et qui, sortant de la plume d'un particulier quelconque, auroit déjà suffi pour déshonorer mon pays, mais qui étant la production d'un ecclésiastique fait pour prêcher la paix, et la paix perpétuelle, si elle étoit possible, appelle particulièrement l'attention de Votre Grandeur, en qualité de Chef de notre Église.

» La Guerre perpétuelle, seul moyen de sû-
» reté perpétuelle »; ou « la Guerre perpé-
» tuelle, seul moyen de salut et de prospérité »
(1), par le Rév. Edward Hankin, M. A. M. D. Cantorbery, Bristow, 1805.

Je n'ai besoin que du titre de cet Ouvrage pour justifier la liberté que je prends. A l'instant où j'eus lu ce titre, avec deux ou trois extraits que contiennent les gazettes, je volai, je saisis ma plume, quelle qu'en soit la médiocrité, pour appeller le

---

(1) Cet Ouvrage est annoncé dans les gazettes sous ces deux titres.

châtiment sur le coupable auteur, ou du moins pour laver d'une tache aussi noire mon propre honneur, en qualité d'anglois et d'ecclésiastique. Si j'étois soldat, au lieu d'être ecclésiastique, alors même je ne tiendrois pas le langage du Rév. M. Hankin ; alors même je refuserois de tirer l'épée, si ce n'est dans l'espoir de la remettre dans le fourreau, en forçant l'ennemi à la paix. Je pense que mon plus grand devoir comme homme, et encore plus comme chrétien, c'est de déclarer que le premier de mes vœux est, non pas la guerre perpétuelle du Rév. M. Hankin, mais la paix universelle de l'Abbé de Saint-Pierre et de Sully, dont les lumières égaloient au moins, je le présume, celles d'un clerc ou d'un employé je ne sais à quel titre dans l'Église de Cantorbery. Je ne crains pas que personne se moque de l'importance que j'attache à ce devoir, si ce n'est ceux qui sont aussi étrangers au vrai patriotisme et à l'orgueil du caractère national, qu'aux plus simples sentimens philanthropiques.

Ce personnage a conspiré mon déshonneur en qualité de son contemporain et d'enfant de la même Église. Après tout ce qu'ont fait mes ancêtres, que Cambden, qui écrivoit sous le règne d'Elizabeth, appelle « une famille fort ancienne et chevaleresque » ; après tous les efforts que j'ai faits moi-même pour ne pas les déshonorer ; la main de ce vil personnage vient de m'imprimer, tout au milieu du front, la tache et la marque infamante de l'opprobre : et je ne puis me faire voir en aucun coin de l'Europe, sans être désigné à l'exécration générale, sans être montré du doigt, et sans qu'on dise : Le voilà ; voilà un compatriote de M. Hankin, voilà un anglois ; voilà un ecclésiastique anglois, comme M. Hankin.

J'étois loin de penser, après avoir employé dix ans de ma vie, depuis trente jusqu'à quarante, à une retraite littéraire à Oxford, dans la propre maison où le bon évêque Berkeley, à qui Pope attribue « *every virtue under Heaven* », toutes les vertus de l'humanité, projetoit le bonheur de tous ses semblables, et où il est mort, j'étois loin de penser qu'à la fin un anglois me feroit rougir de m'avouer le compatriote d'un tel philanthrope, et de tant d'autres comme lui, d'un Alfred, d'un Bacon, d'un Penn, d'un Locke, d'un Howard et d'un Cook.

Si mon sort étoit de mourir avant la publication de l'Ouvrage historique que j'imprime, et d'où cette lettre est tirée, puisse quelque main amie graver sur ma tombe modeste que je n'ai pas voulu différer d'un seul jour à déclarer à mon propre Pays et à toute l'Europe combien en mon particulier j'ai condamné la conduite du Rév. M. Hankin, conduite si peu digne d'un prêtre et même d'un homme !

Si j'étois Évêque, comme j'ai peut-être manqué de l'être une ou deux fois dans ma vie, Dieu, qui sait que sous ce nouveau titre je n'en continuerois pas moins de toutes mes forces à servir les intérêts généraux de toutes ses créatures, Dieu m'est témoin que si les usages du Parlement le permettoient, je ferois dans la Chambre des Pairs, mes collègues, une motion formelle tendant à conduire à l'opprobre d'une degradation publique l'auteur d'un si méprisable ouvrage, et que je la renouvellerois de session en session, jusqu'à ce que je l'eusse fait adopter.

Qu'étoit-ce que la conduite du Dr Shebbearre, Monseigneur, auprès de celle d'un tel homme?

Le

Le Parlement n'a-t-il pas empêché la publication de *l'Essai sur les Femmes*, par Wilkes ? A coup sûr, Votre Grandeur n'a jamais vu ce livre, non plus que moi ; mais j'ose affirmer que la plus grande corruption que ce livre ait pu opérer sur quelques esprits oisifs et dépravés, n'est rien en comparaison des impressions calculées que celui-ci a dû faire sur l'esprit public, chez qui il tend à détruire tout principe de civilisation et de Christianisme, ainsi que sur le cœur de tous les hommes, dont il ne peut que produire l'entier abrutissement. Dix *Essais sur les femmes*, composés par dix auteurs comme Wilkes, pourroient passer pour des sermons et des livres de prières, auprès de cette production d'un homme d'église ; et l'influence de ces dix ouvrages, comparée à celle du dernier, seroit aussi foible et aussi insignifiante que les effets d'une simple lettre comme la mienne, en comparaison de ceux que pour le bien de la Religion et de la Patrie produiroit l'intervention vénérable de Votre Grandeur, si j'étois assez heureux pour lui en inspirer l'idée !

Me dira-t-on qu'il n'y a point, hélas ! de loi du Parlement qui atteigne une telle conduite ? Je réponds sans hésiter : Tant pis pour le Parlement et pour la Patrie ; qu'on en fasse une. Mais je suis persuadé que mon ancien compagnon d'études, Lord Eldon, aujourd'hui Chancelier, saura bien en trouver une. Je suis également persuadé que le Prince de Galles est homme à porter, de sa propre volonté, cette affaire au Parlement : car je connois la manière de penser patriotique et philanthropique de ce Prince, par les bienfaits qu'il a plû à S. A. R. de verser sur moi depuis tant d'années ; et je me rappelle très-bien qu'au commencement de cette malheureuse guerre, il refusa de prolonger une visite dont il honoroit M. Thellusson, à moins qu'on n'abandonnât l'idée de représenter une satyre indécente contre la France; satyre que S. A. R. ne regardoit pas comme un moyen de faire la guerre, mais bien plutôt de causer le plus grand tort à ses compatriotes, prisonniers de guerre en France. C'est à ce Prince éclairé que j'adresserois cette lettre, si Votre Grandeur, en montant à un poste aussi honorable, ne se trouvoit à la tête du Clergé, Ordre auquel cet écrivain appartient, et que sa conduite a tant déshonoré. Mais si, ce que je ne puis supposer, Votre Grandeur cherchoit en vain quelqu'un pour seconder la motion que vous feriez à ce sujet, j'ose croire que vous trouverez tout ce que vous pouvez désirer dans l'éloquence et les sentimens d'un noble Lord, auquel j'ai aussi des obligations peu communes; je ne doute pas que, déposant la brave épée avec laquelle il s'est tant distingué en Amerique et non loin de cette ville, et dont il défend aujourd'hui l'Écosse, mon ami Lord Moira ne se transporte au Parlement pour soutenir la motion de Votre Grandeur; je ne doute pas que ce véritable *homme de guerre* ne se prononce hautement et de lui-même, pour condamner dans tout homme, et sur-tout dans un *homme d'église*, l'idée *d'une guerre perpétuelle*. En tout cas, ce n'est pas une grande preuve de courage personnel qu'une guerre perpétuelle et durable de génération en génération, conseillée par une femme, ou prêchée par un ecclésiastique, qui par son caractère ne peut tirer l'épée ni brûler une amorce dans cette cause. Je ne sais ce que les soldats diront de cette bouffonnerie; mais je suis sûr que Votre Grandeur ne pourroit s'empêcher de sourire, de voir un livre sur les devoirs du Clergé écrit par un Officier aux Gardes.

Quant au soin de manifester hautement ses sentimens sur cette nouvelle doctrine à la face du public et de toute l'Europe, c'est, j'ose l'espérer, ce que Votre Grandeur se fera un honneur et même un devoir indispensable d'exécuter. Le châtiment que M. Hankin subira de manière ou d'autre, et même de la part du Parlement, doit être aussi public que l'opprobre qu'il a versé sur sa Nation. Il n'est pas difficile, je l'avoue, à un simple ecclésiastique comme moi, de publier ce qu'il feroit ou ne feroit pas, s'il étoit Archevêque de Cantorbery. Mais je déclare que si M. Pitt, ou Lord Sidmouth, ou Lord Liverpool, ou le Roi lui-même m'offroit la place de Votre Grandeur, à condition d'appuyer par mon silence la doctrine diabolique et damnable de M. Hankin, je préférerois rester jusqu'à la fin de mes jours, comme je suis, humble vicaire de Prittlewell dans les marais d'Essex.

Si Votre Grandeur ne signale publiquement son élévation au siège de Cantorbery, en retranchant et en rejetant au loin cette espèce de plante vénéneuse qui semble se faire gloire de prendre racine sur le seuil même de votre palais archiépiscopal, ce clerc de Cantorbery paroîtra avoir été presque autorisé à joncher de fleurs pareilles le chemin de Votre Grandeur, dans la cérémonie de votre entrée publique et solennelle. Sera-t-il convenable, Monseigneur l'Archevêque, qu'on lise dans les fastes de l'histoire que le même jour a vu Votre Grandeur transférée au siége de Cantorbery, et l'ouvrage pestilentiel d'un individu que je ne peux plus appeler du nom d'ecclésiastique, sorti des presses de la même ville ?

Si ce pauvre malheureux, Monseigneur, se trouve dans la seule situation qui puisse excuser sa conduite; si son cerveau est dérangé, assurément j'ai pitié des infortunés qui lui appartiennent et de tout ce qui l'entoure. Ils sont bien plus à plaindre, hélas! que ce maniaque; et Dieu me garde d'aller insulter une famille frappée, dans la personne de son chef, du plus grand des maux qui affligent l'humanité! Mais au nom de cette même humanité, qu'on l'envoye donc à la maison de santé établie dans son voisinage par le docteur Perfect pour ce genre de maladie. Les majuscules, qui accompagnent son nom au titre de son livre, me font présumer que le Révér. Edward Hankin est médecin aussi bien qu'ecclésiastique : et ce docteur pourroit courir le risque d'être à ce titre aussi dangereux aux malades de son voisinage, qu'il l'est aujourd'hui au public, en lui prescrivant ses drogues politiques et en étudiant les moyens d'empoisonner tout un peuple.

Je crains bien, hélas! Monseigneur, qu'il n'y ait pas de contre-poison, comme on le prétend; mais je suis sûr qu'il existe des remèdes qui, pris à temps, peuvent diminuer les effets de la dose fatale.

Si je détache cette lettre de l'ouvrage auquel elle appartient, et si je l'ai imprimée d'abord, comme lui, en anglois et en françois, c'est que je pense qu'un anglois, sans être même ecclésiastique, doit, par-tout où les deux Langues sont entendues, s'exprimer de la manière la plus positive et la plus prompte possible, dans un sens entièrement opposé au prêtre-médecin M. Hankin. Son livre ne sera pas lu par-tout; mais par-tout les gazettes en parlent, comme elles le feroient, si le diable en personne venoit sur la terre s'emparer de tous les esprits. J'ai cru devoir prendre la même voie que M. Hankin, pour exorciser le public. Steele et

Addison imprimèrent *le Spectateur* dans les gazettes que leur nouveauté faisoit lire de tout le monde; mais de nos jours frivoles, plus de la moitié du monde ne lit que des gazettes.

Quand j'ai choisi le titre de mon Ouvrage, celui de *nouveau genre d'Histoire*, je ne m'imaginois pas que, sitôt et avant la fin du second volume, je deviendrois le triste historien d'un nouveau genre d'insulte à la civilisation, d'un nouveau genre de crime contre l'espèce humaine, d'un nouveau genre de blasphême et d'outrage contre notre Père qui est dans les Cieux.

Monseigneur, le nom glorieux d'anglois n'a été que trop déshonoré naguères sur le continent, par la conduite de M. Drake, etc; et dernièrement en France par ceux qui, après avoir engagé leur parole d'honneur, ont trouvé bon de la fausser et de prendre la fuite, de la manière non-seulement la plus honteuse pour eux-mêmes, mais encore la plus dangereuse pour leurs compatriotes, prisonniers de guerre, qu'ils ont laissés derrière eux; si le Gouvernement françois étoit altéré de vengeance. Monseigneur, au nom des mœurs et de la Religion, ne laissons pas un ecclésiastique publier que lui et tout le Clergé anglois, dont le silence passeroit pour une approbation, connoissent si peu le véritable Christianisme qui, bien loin de tolérer la perpétuité d'une guerre d'extermination, nous prescrit, si l'on nous donne un soufflet, de tendre l'autre joue; et qu'ils n'ont pas plus d'idée de la Religion que n'en avoient les François, quand ils plaçoient sur les autels de l'Éternel une courtisane représentant la déesse de la Raison.

J'avoue franchement, Monseigneur, que je désire de forcer l'Ordre auquel j'ai l'honneur d'appartenir, et pour lequel j'ai quitté le Barreau, il y a vingt-cinq ans, par les conseils de l'évêque Lowth et du pieux docteur Johnson : je désire, dis-je, de forcer, s'il en est besoin, l'Ordre du Clergé dans mon pays, Ordre qui s'honore aujourd'hui de tant de noms distingués, à chasser de son sein avec infamie et avec horreur un individu aussi déshonoré et aussi déshonorant que le Rév. Edward Hankin.

La fille de l'ami, dont ma vie d'Young, qui fait partie de celles de Johnson, a vengé l'honneur en prouvant qu'il n'avoit pu être le Lothario désigné par les vers de son père ; la petite-fille du grand Young épousa, je m'en souviens, vers 1777, un particulier des environs de Welwyn, nommé Hankin.

Un indigne prêtre, qui porte le nom chrétien d'Edward, comme Young, ne peut être assurément le petit-fils de l'Auteur des *Nuits*, de celui qui, plus que nul mortel, mérite d'être appelé *le Poëte de la Divinité.* Quelque soit l'homme qui a eu le malheur d'être le père d'un tel *ennemi de la Divinité*, si l'on me demande ce que je veux qu'on fasse de ce guerrier *perpétuel* et altéré de sang, je ne l'imiterai pas en disant qu'il faut le pendre, dans des chaînes perpétuelles au créneau le plus élevé de la cathédrale de Cantorbery, pour servir d'instruction aux Anglois et aux François qui, bientôt encore, je l'espère, passeront et repasseront par Douvres ; je ne dirai pas tout-à-fait ici ce que je puis penser à ce sujet ; mais j'avoue que c'est avec réflexion que je désire de lui voir arracher, publiquement, des épaules ses habits sacerdotaux, et de contempler ce grand coupable occupant la place de gens moins criminels au pilori. Jamais peut-être meurtrier de sang-froid n'a songé à faire entrer dans ses froids calculs l'idée même d'un massacre de plus de trente millions de ses semblables. Un pareil homme doit être au moins chassé de la paisible profession du Clergé ; et, comme il professe, lui-même, tant d'inclination à changer ses habits de paix contre l'habit rouge et couleur de sang de nos soldats, je propose sérieusement d'envoyer cet ex-prêtre gagner son pain en qualité de trompette dans un corps de volontaires ; et à la paix, dont le retour sera une punition suffisante pour un guerrier qui ne veut jamais désarmer, de l'employer en la même qualité dans un régiment de ligne, où il puisse

Ære ciere viros, Martemque accendere cantu.

Je ne doute pas que lui-même, à l'exemple de Ziska, ou de quelqu'autre de ces grands destructeurs du genre humain, il ne lègue sa peau, pour être desséchée et employée à couvrir des tambours.

Si M. Hankin a pu, comme semblent le supposer les papiers anglois, louer sa plume à M. Pitt ; s'il n'a fait que rédiger dans un style supportable les idées que ce ministre ou ex-ministre, car on ne sait ce qu'il est, lui a laissées, en traversant Cantorbery, dans ses fréquens voyages à son château de *Walmercastle*, le pamphlet n'en demeure pas moins coupable ni moins criminel : et l'ecclésiastique, qui se met à gages pour un tel objet, n'en est que plus méprisable et plus scélérat. Quant à son avancement dans l'Église pour un tel service digne de l'enfer, j'ose croire que nul ministre n'aura l'imprudence de l'entreprendre, et que ce ne sera pas sous l'Archevêque actuel de Cantorbery qu'un ministre sera assez puissant pour faire prospérer ce *grand-prêtre d'extermination.* N'y a-t-il pas assez d'ecclésiastiques chargés de famille qui n'ont pas de pain, et que JESUS-CHRIST ne dédaigneroit peut-être pas d'adopter pour ses disciples? Et un Rév. Edward Hankin, en trempant sa plume exécrable dans le sang humain, en prenant toutes les peines possibles pour perpétuer cette fureur guerrière que JESUS-CHRIST est venu éteindre de son Sang divin; un tel ecclésiastique rouleroit sur l'or, seroit comblé d'honneurs! A Dieu ne plaise!

Mais je refroidirai les espérances que ce Monsieur a de se voir bientôt transféré de Cantorbery à quelque poste brillant.

Quelque soit celui qui l'a mis en œuvre, j'annonce à ce mercenaire que ses maîtres ne seront pas satisfaits de la manière dont il a rempli sa tâche odieuse, et qu'ils vengeront leur propre déshonneur sur leur misérable écrivassier. Car toute l'Europe voit qu'à supposer l'horrible assertion de ce livre aussi incontestable que la Religion Chrétienne, qui est si contraire à de telles maximes, il n'y a qu'un idiot et même un fol achevé qui puisse le dire en termes aussi clairs à son ennemi, et appeler aussi ouvertement sur soi-même la peine du talion.

Le Rév. M. Hankin a-t-il conçu l'idée d'un tel ouvrage de lui-même, en vue d'affermir M. Pitt ou tout autre Ministre dans sa place, ou de ramener le public au systême sanguinaire de quelque individu?

Je rapporterai à cet ecclésiastique de Kent une anecdote dont j'ai été temoin dans ma jeunesse, et qui pourra lui indiquer peut-être une manière dont il eût pu gagner son argent.

Pendant que le Barreau et le Tribunal étoient réunis dans un repas, selon l'usage, à Maidstone, chef-lieu de son ressort, la conversation tomba sur

un

un Hankin de ce temps-là, qui avoit été honteusement récompensé pour avoir défendu le Gouvernement au sujet de la guerre d'Amérique. L'illustre Lord Mansfield, l'ami du satyrique anglois Pope; et que celui-ci a tant célébré sous le nom de Murray, termina la discussion en ces termes : *Et in Arcadia ego :* Et moi aussi j'ai été sur mon *lit de roses.* J'ai été aussi attaqué dans mon temps; et cela m'a coûté quelque argent. Ce ne fut pas pour payer mes défenseurs, mais pour obtenir de ces Messieurs trop officieux la grace de m'abandonner à moi-même et de ne plus défendre ma cause.

Doit-on beaucoup de récompense au défenseur qui fait descendre sur ceux qui l'emploient, sur leurs mesures et sur leur commune Patrie les foudres de l'éloquence de Talleyrand, de François de Neufchâteau, de Fontanes et de l'Empereur lui-même, qui n'est pas moins distingué par le choix des termes que par celui des hommes qu'il appelle auprès de lui; éloquence qui ne tardera pas, je le crains, à tonner sur les bords de la Tamise et sur les rivages les plus lointains contre cet homme de Dieu, qui a inscrit sa Révérence à une proclamation plus sanglante qu'il n'en a jamais paru dans les mots d'ordre d'un Gengis-Kan, d'un Néron ou d'un Robespierre; contre ce saint homme qui, non seulement nous laisse voir le *bréviaire* du Cardinal de Retz, mais encore tire de dessous son surplis, et, d'un bras retroussé jusqu'à l'épaule, brandit publiquement son sabre d'extermination, dont il a rejeté le fourreau, en criant hautement qu'il l'a enterré à dix mille toises sous terre.

Plus tard, si je trouve qu'il vaille la peine de lire cette proclamation de sang, je pourrai dire à l'auteur ce que je pense de ses talens. Mais pour le but que je me propose aujourd'hui, qui est de faire tomber la vengeance du Clergé sur la tête d'un tel apostat, il suffit du titre seul du livre, et je n'en ai guère encore vu davantage. Son mérite littéraire et même politique, quelqu'il puisse être, ne sauroit diminuer l'imprudence et la folie de l'auteur, et bien moins encore le laver de son crime. Quand même *la guerre perpétuelle, seul moyen de salut et de prospérité*, seroit l'ouvrage de la meilleure plume qu'ait jamais vue l'Angleterre; quand même il seroit fait pour donner à l'auteur la réputation d'un disciple de Machiavel, et que les argumens seroient dignes de Machiavel lui-même; quand il y auroit la plus petite probabilité qu'une conduite aussi horrible et aussi cannibale de notre part, que le titre seul l'annonce, pourroit contribuer à élever notre Patrie au plus haut faîte de gloire et de grandeur nationales; l'auteur mériteroit encore le dernier châtiment, comme un ennemi de son pays, pour en avoir trahi le funeste secret, et un supplice inconnu jusqu'ici, comme le plus grand ennemi des hommes, pour avoir répandu des maximes aussi destructives, sous l'habit sacré d'un ecclésiastique. A supposer donc à ce livre un mérite que je suis loin d'y avoir reconnu d'après deux ou trois extraits que j'en ai vus, et qu'il fût réservé à M. Hankin de changer la nature de la guerre et de la paix, ainsi que de la vérité, je déclare d'avance que je me regarderai comme déshonoré, comme flétri par une telle espèce de grandeur et de gloire nationales; que je rejette cette *prospérité* qu'il nous offre, que je méprise cette *sécurité* qu'il proclame, et que je renonce à tous les avantages prouvés, s'ils le sont, dans son livre, de même qu'à sa *guerre perpetuelle*. Quel honnête homme ne préféreroit de s'endormir paisiblement dans le sommeil de la mort, plutôt que de vivre au milieu de *bêtes nuisibles et de hordes sauvages plus féroces que les bêtes* (tel est le langage de ce grand *politique*, en parlant des François), *au milieu de ces bêtes sauvages, de ces animaux malfaisans*, que les François et les Anglois pourroient devenir réellement, si les deux pays devoient *regarder la guerre comme une partie nécessaire de leur établissement de paix ;* si cette affreuse guerre devoit être perpétuelle ; si enfin une guerre mutuelle d'extermination étoit une mesure bien politique entre deux Peuples nombreux, puissans et éclairés, séparés, ou peut-être réunis, dans les intentions de Dieu, par six lieues de mer!

L'Auteur d'aussi folles idées mérite si peu la moindre récompense, et ses maximes sont tellement faites pour favoriser tous les desseins de l'ennemi (comme une trop grande partie de ce qu'ont fait nos Ministres et ceux qu'ils ont employés), que la postérité pourra croire que c'est le Gouvernement françois qui a payé M. Hankin pour écrire ce livre étrange. En tout cas, un guerrier pareil doit être assez familiarisé avec les choses militaires pour savoir qu'un général prudent ne réduit jamais au désespoir, même une poignée d'ennemis. Si nous étions en état de continuer cette *guerre perpétuelle*, et d'exécuter cette menace *hankine* d'une extermination totale, comme le livre prétend le prouver (du moins je le suppose, sinon il seroit encore plus méprisable que je ne pense); trente millions d'hommes, parmi lesquels on compte quelques soldats, se trouvant réduits au désespoir, formeroient une poignée d'individus qui pourroient embarrasser le généralat même d'un ecclésiastique. Les autres écrivains feront comme ils voudront; mais pour moi, quand j'aurai à exprimer quelque chose d'extraordinairement ridicule ou même d'extraordinairement inhumain, je crois que je me servirai toujours du mot *hankiner*. Si les Anglois et les François vouloient s'entendre pour cela, l'infamie de cet homme auroit la *durée perpétuelle* qu'il veut donner à la guerre. Nous avons ainsi adopté le mot de guillotine, avec cette différence, que la juste exécration que nous inspirent les horreurs de la révolution s'est étendue à la fatale machine de destruction qui en fut l'instrument. Quand donc le docteur Guillotin, qui vit encore, prit modèle en 1790 sur notre *Pucelle* dont jadis on fit usage une seule fois en Ecosse, il se montra l'ami de ses contemporains autant que le seroit un François, qui pourroit suggérer à notre Révérence massacrante l'idée d'une mort encore moins pénible, pour les innombrables victimes qu'il brûle de *hankiner*.

Mais il y a encore une autre raison pour laquelle cet homme mérite la récompense d'une distinction aussi déshonorante.

A moins que d'être en France, comme je suis, Votre Grandeur ne peut voir toute l'étendue et les suites de l'opprobre qu'il verse sur le nom anglois, aussi bien que sur l'Ordre auquel appartient Votre Grandeur, et sur la Religion. Il lui est arrivé ce qui nous arrive presque toujours quand nous ne faisons pas ce que nous devons, ou que nous faisons ce que nous ne devons pas faire. Les conséquences imprévues de sa mauvaise conduite sont incalculables. Combien voit-on souvent cela dans les matières les moins importantes!

Swift dit, avec autant de vérité que d'esprit :

« Vous devez toujours réfléchir avant que de
» rien faire. Si en folâtrant vous jetez par la fe-
» nêtre un couteau dans la rue, il est presque à
» parier que vous tuerez une pauvre veuve reve-

» nant de son travail, et mère de sept enfans dont » le plus jeune n'a pas encore six mois. »

M. Hankin a fait bien pis, non pas en folâtrant, mais de propos délibéré et avec une méchanceté réfléchie.

Examinez avec moi, Monseigneur, toutes les conséquences imprévues qui en résultent, et dont quelques-unes peuvent être réparées par la motion que Votre Grandeur feroit en plein Parlement sur une telle conduite.

Bonaparte, en devenant Consul en décembre 1800, écrivit à notre Roi ce que j'ai pris pour épigraphe du second volume de mon Ouvrage historique. — « Comment les deux Nations les plus » éclairées de l'Europe, — comment ne sentent-» elles point que la paix est aussi glorieuse que » nécessaire »? Et c'est en 1805, quand la foible humanité a cinq ans d'expérience de plus, que M. Haukin parvient à découvrir la nécessité d'une *guerre perpétuelle*, d'une guerre d'extermination.

En mai 1802, à la paix de M. Addington, tel fut le langage de plusieurs personnages marquans :

« Pour le repos du reste du monde, il n'y a » plus d'Océan ni de Pyrénées qui les séparent. » Lobjoy, président du Corps-Législatif.

« Ainsi donc, reposés tout-à-fait des longues » fatigues de la guerre, nous allons désormais » vivre en bonne intelligence avec les illustres » voisins qui nous devancèrent dans la carrière » de la liberté ; ainsi il ne restera plus entre nous » d'autres motifs de rivalité que dans la louable » émulation d'accroître le cercle des connoissances » utiles, et d'arriver à la perfection du bien. Ils » verront, ces honorables insulaires, que les » François sauront se montrer dignes de lutter » avec eux dans cette lice nouvelle de belles dé-

» couvertes, de conquêtes pacifiques et de véri-
» table gloire. Tel sera l'un des plus grands avan-
» tages de la Paix. La Paix! comme ce mot est
» doux à prononcer »! etc. FÉLIX-FAULCON, du
Corps Législatif.

« Le traité que vous annoncez, Citoyens Ora-
» teurs du Gouvernement, est le complément de
» tous ceux qui l'ont précédé. L'enthousiasme
» qu'il vient d'exciter en Angleterre, prouve com-
» bien est sincère la réconciliation entre deux
» Peuples qu'une fausse politique divisa trop long-
» temps, et qu'un égal amour pour la liberté et
» des rapports nécessaires doivent unir à jamais ».
CHABOT, président du Tribunat.

En septembre 1802, Bonaparte dit à M. Fox, à Paris :

« Il n'y a dans le monde que deux Nations :
» l'une habite l'Orient, l'autre occupe l'Occident.
» Les Anglois, les François, les Allemands, les
» Italiens, etc., soumis au même code civil, ayant
» les mêmes mœurs, les mêmes habitudes et
» presque la même Religion, sont tous membres
» de la même famille : et les hommes, qui veulent
» rallumer la guerre parmi eux, veulent *la guerre*
» *civile* ».

En juillet 1803, après que M. Addington eut détruit son propre ouvrage, en recommençant la guerre, les gazettes françoises, qui publient aujourd'hui le langage de M. Hankin, rapportèrent l'anecdote suivante, concernant le président Bexon :

A l'audience de la troisième section du Tribunal civil du Département de la Seine, du mardi 28 thermidor, un défenseur, plaidant pour un Anglois, disoit : *Celui que je défends est un honnête homme*, QUOIQU'ANGLOIS. Le Président, l'interrompant, lui dit : « Retranchez de votre plaidoie-

» rie les mots *quoiqu'Anglois.* Les Nations ne » doivent jamais s'insulter entr'elles, même quand « elles sont en guerre : et ce n'est pas en France » et dans le sanctuaire de la justice, que cela peut » être permis ».

La même année, l'oncle de Bonaparte, annonçant du haut de l'Autel la guerre de M. Addington, n'emploie pas un autre langage.

« La Paix est le grand bien dont nous aimons » à vous entretenir, lors même qu'au nom du » Gouvernement nous venons vous demander des » prières et des vœux pour le succès d'une nou- » velle guerre. — Que le Dieu des Armées se dé- » clare contre cette Puissance, non toutefois pour » la détruire, comme ces Villes superbes dont » l'avare cupidité provoquoit contre elles tout le » zèle des Prophètes, mais pour la forcer à cette » paix dont elle ne connoît pas le prix, et dont » nous, ministres d'un Dieu descendu sur la terre » pour y *éteindre dans son sang toutes les ini-* « *mitiés et réconcilier l'Univers*, faisons le con- » tinuel objet de toutes nos prières et de tous » nos vœux ». (*Mandement de S. E. M. le Cardinal-Archevêque de Lyon. An* 11.)

C'est pendant tout ce temps qu'un ecclésiastique anglois, payé ou non pour cela, et prévoyant la nouvelle guerre de M. Addington au sein même de la paix, a employé ses jours et ses nuits à chercher des argumens qui puissent rendre la guerre perpétuelle, qui puissent, à l'aide de son livre exécrable, au défaut d'autres moyens, la rendre plus cruelle, et la changer en guerre d'extermination.

Après tout et à supposer qu'il n'ait pas prévu le moment où ses travaux pourroient être terminés et mis au jour, il n'en est pas moins digne de remarque que son livre paroît en Angleterre au moment précis où la seconde lettre éloquente et philanthropique, écrite à notre Roi par Bonaparte couronné Empereur, arrive à Londres, et porte l'émotion dans tous les cœurs par ce langage touchant :

« La Paix est le vœu de mon cœur. — Eh ! quelle » triste perspective de faire battre des Peuples pour » qu'ils se battent ! Le Monde est assez grand, » pour que nos deux Nations puissent y vivre ; » et la raison a assez de puissance, pour qu'on » trouve les moyens de tout concilier, si, de part » et d'autre, on en a la volonté. J'ai, toutefois, » rempli un devoir saint, et précieux à mon » cœur ». 2 janvier 1805.

Finalement, le livre de M. Hankin arrive en France, et par cette guerre d'extermination qu'un ecclésiastique réduit en système, porte notre honte nationale au plus haut degré par toute l'Europe, précisément quand le public est charmé de voir le vainqueur de Marengo prêcher la doctrine de JÉSUS-CHRIST, et se servir de ces expressions mémorables, si dignes du neveu d'un Cardinal-Archevêque, et qui font partie de la réponse énergique de l'Empereur au Corps Législatif, le 12 de ce mois :

« Je veux, autant que je pourrai y influer, que le » règne des idées philanthropiques et généreuses » soit le caractère du siècle ». (12 fév. 1805.)

Monseigneur l'Archevêque, je ne dis pas que la conduite de M. Hankin me fait penser à imiter un Baronnet de ma famille qui porta ce titre avant moi, et à quitter, comme lui, notre Église pour celle du Cardinal-Archevêque Fesch et des François qui respirent des sentimens si chrétiens ; mais ne nous convient-il pas, Monseigneur, de veiller spécialement à ce qu'au moment où nous sommes, les

les Catholiques d'Irlande et ceux des autres contrées ne s'autorisent pas de l'impunité où l'on pourroit laisser ce clerc de Cantorbery, pour dire que les Protestans anglois paroissent plus altérés de sang que les autres membres de l'Eglise Chrétienne, et qu'ils se ressentent bien moins de cet esprit de douceur et de charité que nous a apporté le Fils de Dieu en se faisant homme et en subissant la mort d'un malfaiteur.

Je ne suis pas séduit non plus, tout-à-fait, par les partisans du fameux Penn; car je ne crois pas les Quakers rigoureusement justes de supposer que la douceur du Christianisme nous défend de tirer l'épée pour sauver les jours de nos femmes, de nos enfans et les nôtres. Mais je prends et prendrai toujours sur moi de soutenir, contre l'avis même d'un Archevêque de Cantorbery (s'il étoit possible qu'il pensât différemmeut), que la Religion si douce et si pacifique que nous professons et enseignons, Votre Grandeur et moi, ne nous ordonne pas, ne nous permet pas le serment de ne jamais remettre l'épée dans le fourreau, *IN SÆCULA SÆCULORUM*, dès qu'une fois on la tire; quelles qu'en soient les raisons, bonnes ou mauvaises; et depuis quinze ans nous en avons entendu chaque année de toutes les espèces.

Qu'est-ce donc, Monseigneur l'Archevêque, quand on voit un des Pasteurs innocens des serviteurs paisibles de JÉSUS-CHRIST, au lieu de leur apprendre à aimer leur prochain comme eux-mêmes et à faire à tous les hommes comme ils voudroient qu'on leur fît, haranguer son auditoire du milieu de la Table de leur Rédempteur crucifié, où vient de se célébrer le Festin d'amour fraternel et universel; élever ses mains sacrées qui viennent d'administrer les saints mystères du Corps et du Saug de notre Sauveur commun, et prononcer à haute voix, en invitant tout le monde à répéter avec lui, le serment impie et diabolique de ne jamais faire la paix, de ne jamais suivre le précepte de JÉSUS CHRIST, qu'auparavant ils n'aient versé et bu des flots de sang, et qu'ils ne se soient repus comme *des sauvages plus feroces que les bêtes*, des cadavres mutilés de tous leurs voisins les plus proches ?

Est-il donc vrai que pareille scène, ou quelque chose d'approchant, ait pu se passer dans la cathédrale de Cantorbery, à ce même Autel aux pieds duquel quatre *Hankins* d'autrefois ont fait sauter la cervelle de l'archevêque Becket, revenu récemment de cette ville de Lille où il avoit choisi sa retraite, et dont une rue fut appelée *rue d'Angleterre*, à cause du séjour qu'il y avoit fait ?

L'horrible désir de Diderot n'embrassoit que deux classes d'hommes : Robespierre ne détruisit pas autant d'individus que le Rév. M. Hankin désire d'en voir périr : les calculs de Marat, qui étoit si altéré de sang humain, n'alloient pas jusques-là ; et cependant, « quand même », comme dit Shakespeare, « tous les cheveux de ses compatriotes » eussent été autant de vies humaines, son appétit » féroce sembloit suffire pour les dévorer tous ».

Hélas ! Monseigneur, faut-il qu'un enfant de la même Patrie, de la même Église que nous, ressemble à une de ces mégères françoises, dont au mois révolutionnaire de Septembre la rage fut portée à son comble par la double ivresse du vin et de la licence, et qui, depuis insultoient le cortège de la mort, parceque le nombre des victimes du jour n'étoit que le double de ce qu'elles avoient eu le plaisir de le voir la veille ? Nous autres, Monseigneur, nous ne sommes pas encore familiarisés avec les *hankinades* d'une révolution. Puisse le Dieu de toutes les Nations permettre que le livre de cet homme ne nous amène pas ou ne contribue pas à nous amener de pareilles ou tout autres calamités !

J'apprends, Monseigneur, que la religion et la sagesse de Sa Majesté ont ordonné un jeûne public pour le mois actuel, et j'imagine que la proclamation invite le Clergé à prier pour la paix. Si ce n'est pas là le langage du Roi, Votre Grandeur ne manquera pas de l'employer dans la formule de prière qu'elle doit publier pour cet objet. Mais permettez-moi de vous demander, Monseigneur, de quel air osera adresser à Dieu cette prière quiconque, à commencer de Votre Grandeur jusqu'au plus petit clerc, approuve, ou plutôt ne rejette, ne désapprouve et ne désavoue pas ouvertement la proposition d'une *guerre perpétuelle*, proposition faite par M. Hankin, et que le démon seul peut lui avoir inspirée.

Algernon Sidney, en composant ce qu'il écrivoit sur l'*album* de la GRANDE CHARTREUSE, et même en parlant de son épée et de l'usage qu'il en vouloit faire contre les tyrans, se plaisoit, du sommet d'une des plus hautes montagnes de l'Europe, à voir renaître enfin l'olivier de la paix, et s'effacer pour jamais la perspective des combats :

— — — Manus haec, inimica tyrannis,
Ense petit placidam, sub libertate, quietem.

M. Hankin, au contraire, monteroit sur la montagne choisie par Saint Bruno, non pour y admirer ce que Gray appelle *severi religio loci* (*), mais seulement pour voir les plus belles contrées

(*) Voyez l'Ode alcaïque du poëte Gray, écrite dans l'*album*.

de l'Europe couvertes d'un second déluge inoui, d'un déluge de sang humain, dont la fin ne seroit pas annoncée par une colombe portant en son bec un rameau d'olivier. M. Hankin changeroit le distique latin de Sidney, et s'écrieroit :

— — — Manus haec, inimica quieti,
Ense petit sancto placidum sine fine duellum.

Mais avant de conclure, Monseigneur, permettez-moi, je vous prie, de vous faire observer que l'on n'a pas le droit de me dire que si j'ai publiquement provoqué ce M. Hankin, c'est en vue de me procurer ma liberté auprès du Gouvernement françois. Je suis aussi parfaitement libre que M. Humboldt, le voyageur prussien, qui vient d'arriver à Paris du fond de l'Amérique méridionale. Le Gouvernement françois a eu la justice de m'accorder ma liberté tout entière, de me rendre ma parole que j'avois engagée conditionnellement ; et cela précisément (M. Hankin voudra bien le remarquer) parce que j'appartiens comme lui à une profession de paix, qui répond aux sentimens que j'ai tâché de développer dans cette lettre, et qui est très-opposée à cette *guerre perpétuelle* qu'il nous prêche. Voici les propres termes du maréchal Berthier, ministre de la guerre — *faisant droit à la réclamation de M. le Chevalier Herbert Croft, COMME MINISTRE DU CULTE, l'autorise à demeurer en liberté sur le territoire françois, ou à le quitter, s'il le juge convenable.*

Bien moins encore cet ecclésiastique scrupuleux, que je crois capable de tout, sera-t-il en droit de m'accuser d'aimer les horreurs de la révolution françoise, ou d'être l'ennemi de mon pays, parce que je n'approuve pas son genre de patriotisme et que j'abhorre sa sainte philanthropie, dont il n'a pas reçu de leçons, j'en suis sûr, du prédécesseur de Votre Grandeur sur le siège de Norwich, mon ami l'évêque Horne, lorsqu'il étoit doyen de Cantorberi. Monseigneur, j'aime mon pays plus que cet ecclésiastique n'aime rien au monde après le sang humain. Oui, Monseigneur, j'aime mon pays, quelleque soit la manière dont j'ai été traité par deux de ses ministres (MM. Pitt et Addington), et par deux de ses chanceliers (Lord Thurlow et Lord Loughborough); je l'aime, et cependant, selon les préceptes de Dieu et de son Fils, j'ose aimer en même temps tous mes semblables. Oui, Monseigneur, j'ose défier Votre Grandeur, le Prince de Galles et même le Roi son père, d'aimer plus notre pays, d'être meilleur anglois que moi. Quant aux horreurs de la révolution françoise, bien loin de les aimer, comme doit le faire le Révérend et sanguinaire M. Hankin, peu de personnes peut-être ont d'aussi bonnes raisons pour ne pas aimer la révolution elle-même; mais ce que j'aime, c'est la manière dont l'Empereur françois gouverne et continuera, j'espère, à gouverner ce peuple qu'un ecclésiastique anglois, *Nerone neronior*, brûle d'anéantir; mais ce que j'aime beaucoup, ce sont les exemples de patriotisme, de christianisme et de philanthropie, que depuis le 18 Brumaire (9 Novembre 1799) ce jeune guerrier vraiment extraordinaire a plus d'une fois donnés aux plus vieilles têtes couronnées. Aujourd'hui même, que tant delâches tentatives (dont Dieu veuille que les auteurs ne soient pas ceux qu'on en accuse!) ont été formées contre sa vie; aujourd'hui, que notre Clergé, s'il ne repousse de son sein M. Hankin, passera avec raison pour avoir formé un si cruel attentat contre l'existence de tout un Peuple, je suis persuadé que l'Empereur françois lui-même est incapable de concevoir, un seul moment, un vœu qui approche en aucune manière de celui que notre ecclésiastique anglois a imité de l'*infâme* Diderot et qu'il a délayé dans son *infâme* pamphlet, du vœu de voir le dernier survivant de trente millions de victimes, étranglé avec les boyaux du dernier de leurs enfans.

Pendant que M. Hankin corrigeoit la fin de sa misérable production, un des personnages les plus élevés en France, comme si son Gouvernement en avoit eu le pressentiment, employoit son éloquence peu commune à réfuter cet ouvrage, avant même qu'il ne fût terminé. Voici comment le président du Sénat, François de Neufchâteau, le 7 de ce mois, parle de la lettre de l'Empereur à notre Roi :

» Nous ne saurions douter que sa démarche ne » réveille une estime cachée dans le cœur des Anglois. Oui, malgré les antipathies qu'on veut » rendre nationales, les individus, qui composent la » famille du genre humain, ont les mêmes affections.

» Ce n'est point d'ici que peut jamais partir ce » vœu féroce d'une guerre d'extermination, ce vœu » d'anéantir un peuple, ce vœu que l'on nous a » trop souvent adressé de l'autre côté de la Manche. » Nous pouvions y répondre par la conclusion » des opinions de Caton dans le Sénat de Rome. » Mais la ruine de Carthage n'est point l'objet que » se propose notre grand Empereur. Sa gloire est » de fonder, et non pas de détruire ». 7 Fév. 1809.

Monseigneur, je présume fort que je ne rougirai jamais d'avoir manifesté hautement combien j'abhorre l'idée d'une croisade d'extermination prêchée par un prêtre chrétien contre une des Nations les plus nombreuses du monde, dans le moment même où son Gouvernement parle ainsi du peuple dont ce prêtre fait partie. Et je n'ai pas eu d'autre objet en adressant cette lettre à Votre Grandeur.

Je finirai comme finit un écrivain épistolaire d'une autre espèce (*Junius*), dans une occasion bien moins importante ; « J'ai fait mon devoir, en » m'efforçant de conduire le coupable au sup» plice. Mais je n'ai qu'un emploi subalterne dans » le temple de la justice ; j'ai lié la victime et l'ai » traînée au pied de l'*autel* ». C'est à vous, Monseigneur, à diriger le fer vengeur, dans un cas qui, plus que nul autre en aucun temps, appelle la vengeance impitoyable de l'Église elle-même. Si Votre Grandeur pouvoit ressentir quelque pitié pour un tel coupable, n'oubliez pas, Monseigneur, ce que disoit avec raison le grand juge Hale, l'un de nos compatriotes les plus distingués du côté de la religion et de la sagesse, qui vont presque toujours ensemble : « Ce méchant homme implore » ma pitié ; mais je ne dois pas oublier que j'en » dois bien davantage au public ». Dans le cas actuel, Monseigneur, le public consiste en trente millions de François et douze millions d'Anglois, auxquels, conjointement avec tout ce qui pourra naître durant cette *lutte perpétuelle*, cet homme propose tranquillement de se tailler en pièces les uns les autres, jusqu'à ce qu'il ne se trouve plus un seul François sur la face de la terre.

Pendant que je finis cette lettre, les dernières nouvelles publiques nous apprennent, Monseigneur, à l'article de Londres, sous la date du 19 de ce mois, que notre ambassadeur, Lord Robert Fitz-gerald, a cru de son devoir de réclamer auprès de la cour de Lisbonne, le 26 janvier, parce que la gazette officielle avoit publié le manifeste espagnol, signé par le Prince de la Paix, et que Sa Seigneurie appelle un libelle contre sa Patrie. Et moi (qui ne suis pas chef du grand jury de l'humanité, mais au moins un de ses membres), je ne serois pas autorisé à dénoncer le manifeste de *guerre perpétuelle*, publié par le Rév. M. Hankin ! Je soutiens que, d'après l'inspection seule du titre, c'est le libelle le plus infâme contre la Patrie de l'auteur, contre l'Ordre dont il est membre, contre toute espèce de Religion et contre le genre humain tout entier.

Je prie Votre Grandeur d'excuser cette lettre faite à la hâte, qui, si elle n'a pas d'autre mérite, a du moins, j'en suis sûr, celui d'être écrite dans l'esprit d'un vrai Chrétien, d'un véritable ami de tous ses semblables, d'un véritable Anglois ; et dont le sujet m'intéresse autant que personne de mes compatriotes, que Votre Grandeur et le Roi lui-même. En attendant, j'abandonne avec confiance le Rév. Edw. Hankin de Cantorbery (que quelques papiers françois, par erreur peut-être, appellent Rankin) à la justice de ma Nation et au mépris de toutes les autres.

J'ai l'honneur d'être,

MONSEIGNEUR,

etc. etc. etc.

HERBERT CROFT.

A AMIENS, de l'Imprime. de MAISNEL fils, Impr. de la Préfecture et de la Mairie, Cloître S. Nicolas, no. 8.

www.ingramcontent.com/pod-product-compliance
Lightning Source LLC
LaVergne TN
LVHW010034230826
846091LV00005B/1690

9782013271103